W0058215

Katarina Michel
Was hat sie, was ich nicht habe
Zehn Wege aus der Eifersuchtsfalle

Katarina Michel

Was hat sie, was ich nicht habe

Zehn Wege aus der Eifersuchtsfalle

mit einem Vorwort von

Ruth Maria Kubitschek

Aquamarin Verlag

ISBN 978-3-89427-656-0

Deutsche Originalausgabe
1. Auflage 2014
Aquamarin Verlag Gmbh
Voglherd 1 • D-85567 Grafing

Covergestaltung: Annette Wagner
unter Verwendung von
52152616 – due visi© goccedicolore – Fotolia.com

Gedruckt bei CPI Moravia Books

INHALT

VORWORT VON
RUTH MARIA KUBITSCHEK

Jeder Mann – und vor allem jede Frau – sollte dieses Buch nicht nur lesen, sondern einatmen. Sie sollten es mit dem Atem tief in Ihr Inneres fließen lassen und die alten Muster von Liebe, Treue, Eifersucht – und vor allem von der Ehe – mit diesem fließenden Atemzug erlösen oder löschen.

Das reiche Wissen von Frau Dr. Michel führt uns durch die Geschichte der Unterdrückung der Frau, die leider in den Grundmustern auch heute noch überall spürbar, fühlbar ist. Unterdrückung schürt Angst, aus Angst wird Eifersucht – nicht nur auf den Mann, den wir lieben, sondern wir suchen mit Eifer all das, was die anderen haben und was wir nicht haben. Es geht um Haben und Nicht-Haben. Um Lieben und Nicht-Lieben.

Ich habe in meinem Leben erlebt, wie furchtbar niederträchtig und würdelos das Gefühl der Eifersucht sein kann. Ganze Leben werden zerstört. Ich habe diesen Stachel, diesen Antrieb der Menschheit aus mir herausgerissen und mir dieses Gefühl nie mehr erlaubt. Nicht ganz schmerzlos, wie ich zugeben muss!

Mit dem Buch von Frau Dr. Michel halten Sie die Möglichkeit, das Gleiche zu tun, in Ihren Händen.

Das Ungewöhnliche und Befreiende an dem Buch ist der Beitrag Ihres Mannes zum Thema Eifersucht. Sehr philosophisch, aber hinführend zur spirituellen Liebe: Zum Gott-Lieben in uns in der Begegnung mit dem Anderen. Jesus lehrte seine Jünger: „Im Himmel wird nicht mehr geheiratet." Das gefällt mir sehr. Wir begegnen uns dort im Urzustand, in Freiheit und Liebe. Wir sollten in jedem Fall schon auf der Erde versuchen, die Freiheit wahrer Liebe zu leben und unseren Kindern mit respektvoller Liebe zu begegnen. Leben und leben lassen.

Viel Freude mit der Erfahrung dieses Buches!

„DEINE AUFGABE IST ES NICHT,
NACH LIEBE ZU SUCHEN.
DEINE AUFGABE IST ES,
ALL DIE BARRIEREN IN DIR ZU SUCHEN
UND ZU FINDEN, DIE DU GEGEN
DIE LIEBE GEBAUT HAST."

Rumi

EINLEITUNG

Bevor ich nach Deutschland kam, habe ich mich nur sporadisch für Krimis interessiert. Agatha Christie und Sherlock Holmes – das war alles, was ich auf diesem Feld kannte, in meinen jugendlichen Zeiten in der damaligen Tschechoslowakei.

Nach ein paar Jahren in Süddeutschland habe ich begriffen, was ein „Sonntagabend im Ersten" bedeutet. Inzwischen habe ich mich selber in den Münsteraner Forensiker Professor Boerne verliebt, verehre Kommissarin Blum, weil sie in meinem zweiten Wohnort Konstanz ermittelt, und auch Reto Flückigers Auftritt in Luzern fiebere ich immer gespannt entgegen, obwohl er mir an der Seite von Frau Blum besser gefiel. Waren die beiden nicht ein herrliches Paar?

Der Tatort am Sonntagabend gehört zu den Lebensritualen vieler deutscher Haushalte – mittlerweile auch bei mir. Ich erlebe diesen Abend jedoch nicht nur als das übliche TV-Ritual, sondern betrachte es auch als eine Art Psychologie-Studium der deutschsprachigen Länder.

Eifersucht ist das zweitstärkste Motiv für Gewalt und Verbrechen.

Wie verblüfft war ich doch, als ich eine Tatort-Staatsanwältin sagen hörte, Eifersucht sei das zweitstärkste Motiv für Gewalt und Verbrechen. Obwohl es nur eine Aussage in einem Spielfilm war, hat sie sofort meine Aufmerksamkeit geweckt. Eifersucht – Rache – Verbrechen, eine interessante Reihenfolge.

Wie stark eine Emotion doch auf den Einzelnen wirken kann – und gleichzeitig Auswirkungen auf das Leben vieler Menschen hat! Immerhin wird Eifersucht in der gegenwärtigen westlichen Gesellschaft noch immer als „eine Prise Salz für die Liebe" bewertet. Ein wenig Eifersucht beim Angebeteten zu wecken, bedeutet, die Flamme von Interesse und Begehren am Brennen zu halten. Ist das aber wirklich so? Welche Tricks, Spiele oder Manipulationen und wie viele falsche Projektionen verbergen sich hinter der Eifersucht? Wie auch immer die Antwort lauten mag: Das Paradoxe an dieser Emotion ist, dass sie ausschließlich an Liebe gebunden ist. An Liebe, die für jeden Menschen wichtig ist, weil jeder geliebt werden will – und weil natürlich jeder meint, ein Anrecht darauf zu haben. Auch ein für das Thema Eifersucht sicher „neutraler" Beobachter wie der XIV. Dalai Lama sagt: „Eines verbindet alle Menschen. Sie streben alle nach Liebe und Glück!"

Es ist aber gerade die Liebe, die vielen häufig Sorgen, Kummer und sogar Ängste bereitet. Um die Liebe dreht sich unser ganzes Leben. Wir möchten die Liebe leben und genießen, trotzdem gelingt es uns nur allzu oft, sie aus unserem Leben fernzuhalten. So versucht man immer wieder von neuem, sie für das eigene Leben zurückzugewinnen oder zu erhalten. Manchmal unternimmt man auch den selten von Erfolg gekrönten Versuch – sie festzuhalten.

Liebe kann man nie genug haben, sagen viele, und auf verschiedenen Wegen versuchen sie daher, die schmerzlich empfundene Leerstelle der fehlenden Liebe im Alltag aufzufüllen. Wenn man nicht bekommt, was man sich gewünscht oder was man erwartet hat, oder was man glaubt zu verdienen, dann wird diese innere Leere immer größer.

> **Wenn man nicht bekommt, was man sich gewünscht oder was man erwartet hat, dann wird die innere Leere immer größer.**

Daher stellt man sich in vielen Fällen zur Selbsttröstung ganz einfach vor, sie würde automatisch von außen gefüllt. Wenn dann aber niemand „zum Auffüllen" kommt und das negative „Pretty-Woman-Syndrom" auftritt, empfindet man wachsende Unzufriedenheit und eine quälende innere Unruhe. Im besten Fall sucht man dann nach dem „Warum?"

„Warum bin ich es nicht wert, seine Liebe zu bekommen?" Mit Eifer beginnt man (frau) die Suche nach Antworten auf die ständig im Kopf kreisenden Fragen des Gedankenkarussells. Mit Macht will man nun erreichen, was einem eigentlich

> **Warum bin ich es nicht wert, seine Liebe zu bekommen?**

zusteht – Liebe, Anerkennung, Sicherheit und Aufmerksamkeit. Je größer die innere Leere ist, desto eifriger sucht man. Ein Teufelskreis! Aber was sucht man eigentlich? Vordergründig das, was man verloren hat – den Partner, die Sicherheit oder die Liebe. Kann es aber nicht auch sein, dass man auf einer tieferen Ebene sich selbst sucht? Sollte man die Priorität nicht anders setzen, so dass aus dem Auffüllen der inneren Leere von außen eine Erfüllung aus dem eigenen Inneren entwickelt wird?

Hinter einer von den vielen Ängsten, die aus einer egoistischen Liebe gezeugt werden, steckt auch Eifersucht. Wer weiß, wie die Geschichte der menschlichen Evolution verlaufen wäre oder verlaufen würde, wenn bei vielen Ereignissen nicht Eifersucht, sondern Liebe oder Toleranz geherrscht hätten oder herrschen würden? Das ist natürlich eine hypothetische Frage, weil wir diese denkbaren Entwicklungswege heute gar nicht mehr oder noch nicht zutreffend einschätzen können. Es kann sein, dass viele Kriege nicht geführt worden wären und viele Eheschließungen aus Zwecken der Macht oder des politischen Kalküls nicht stattgefunden hätten. Sicherlich würde einerseits viel Spannendes aus der Geschichte entfallen und manches seine Dynamik verlieren, andererseits könnten wir Menschen wahrscheinlich ein anderes Werte-System pflegen. Innere und äußere Kämpfe, Neid, Hass und Intoleranz könnten entfallen, Offenheit, Verständnis, Toleranz und echte Zuneigung würden an ihre Stelle treten. Achtsamkeit und Kooperation

> **Hinter einer von den vielen Ängsten, die aus einer egoistischen Liebe gezeugt werden, steckt auch Eifersucht.**

> **Achtsamkeit und Kooperation statt Eifersucht und Konkurrenzdenken.**

14

statt Eifersucht und Konkurrenzdenken. Das menschliche Leben würde eine grundlegend andere Qualität gewinnen.

Das Rad der Zeit kann man nicht zurückdrehen; das gilt für den Einzelnen wie für eine Gesellschaft. Alles, was der Mensch tun kann und soll, ist, die Chancen zu ergreifen, die sich in jedem Moment des Jetzt, in jedem gegenwärtigen Moment bieten. Bedingt durch alle Erfahrungen und Erkenntnisse, welche die Menschheit bis heute gesammelt hat, auch begünstigt durch die offene Gesellschaft, in der wir heutzutage leben dürfen, kann man mit dem Phänomen Eifersucht ganz anders umgehen. Diese Emotion muss nicht mehr Manipulationszwecken dienen. Sie muss auch nicht mehr die Ursache für Rache und Gewalt sein – deren unheilvolle Auswirkungen uns die Nachrichten nahezu täglich vor Augen führen. Eifersucht kann vielmehr ein innerer Wegweiser im persönlichen Entwicklungsprozess sein – von der Angst weg und hin zur Liebe. Die Emotion Eifersucht trägt eine gewaltige Kraft in sich. Man kann sie zum Positiven nutzen und etwas über sich selbst lernen, oder man unterliegt ihren zerstörerischen Seiten und verliert alles. Auf jeden Fall bringt sie immer eine gewaltige Dynamik in das Leben.

Im vorliegenden Buch möchte ich Sie, liebe Leserin (oder auch lieber Leser), durch die verschleierten und häufig unbemerkten Gassen und Winkel der Eifersucht führen. Auch wenn man es oft im bewegten Alltagsleben nicht wahrnimmt: Diese Emotion spielt eine prägende Rolle in der Gesellschaft. Und sie betrifft nahezu jeden Einzelnen! Nach außen präsentiert sie sich nicht selten als „Drama", welches beispielsweise für die Regenbogenpresse und ihre kaufkräftige Lesergruppe unverzichtbar ist: „Hast Du gelesen, die Caroline hat schon wieder einen neuen Liebhaber!" Im tiefsten Inneren eines jeden Betroffenen spielt sich jedoch oft ein schwerer Kampf ab, um die eigene Würde, um Anerkennung, um Selbstachtung – und letztlich um Liebe. Was hinter allen Dramen und Tragödien steckt, ist, vereinfacht gesagt, das eigene Defizit an Liebe. Weil aber jeder diese reine und wahre Liebe leben und genießen möchte, tritt ihr Fehlen so vehement in Erscheinung. Fragen auch Sie sich häufig, wie Sie selbst aus dieser „Eifersuchtsfalle" herauskommen können? Lassen Sie es uns gemeinsam versuchen, neue Wege zu finden, um uns aus der uralten Falle zu befreien.

Was dahinter steckt, ist das eigene Defizit an Liebe.

Ich verspreche Ihnen bei unserem Abenteuer weder eine fertige Methode noch eine griffige Formel, die Ihnen ein ewiges Liebesglück beschert und Sie von Eifersucht für immer befreit. So etwas gibt es natürlich nicht. Es sind vielmehr Ihre in der Tiefe Ihres Wesens verborgene innere Weisheit und wahrhafte Liebe, welche Sie zu neuen Einsichten führen und von alten Mustern und Überzeugungen befreien können. Nur auf diesem Pfad des inneren Erwachens und der Bewusstwerdung werden Sie lernen, ein Leben zu führen, in dem Sie sich an jener Liebe erfreuen können, die selbstlos, wahrhaftig und auf die niemals endende Begegnung mit einem DU ausgerichtet ist. Wenn Sie selbst innerlich erwacht sind, begegnet Ihnen auch jedes DU immer wieder auf eine neue Weise. Das Leben wird von da an niemals mehr langweilig sein!

Daher konnte die Konstanzer Kommissarin Blum ihrem liebgewonnenen Schweizer Kollegen beim Abschied auch aus guter Überzeugung sagen: „Luzern ist ja nicht weit weg!"

Der Geliebte, den ich im Herzen trage, ist niemals „weit weg".

1
DIE GESCHICHTE
DER **EIFERSUCHT**

Auf der Suche nach dem Prinzip und der Ursache von Eifersucht wird jeder unschwer erkennen, dass Eifersucht keine psychologische Entdeckung unserer Zeit ist.

Eifersucht ist nicht von der Liebe zu trennen, obgleich sie, was noch zu zeigen sein wird, keinesfalls das Gegenteil von dieser ist. Jede große Liebesgeschichte war immer mit Eifersucht gepaart. Sogar die griechischen Götter kannten sich bestens mit der Eifersucht aus!

Poseidon und Zeus standen in permanenter Rivalität miteinander, weil sie beide eine Verbindung zu zwei Göttinnen hatten. Im Streit und auch im Schönheitswettbewerb standen Hera, Aphrodite und Athene. Als Hera zur Gattin des Zeus wurde, stand deren Ehe unter dem Schatten eines andauernden Eifersuchtskrieges. Aphrodites jugendlicher Geliebter Adonis wurde von ihrem eifersüchtigen Gatten Ares schließlich getötet.

Man kann unendlich viele Geschichten aus mythischen, längst vergangenen Zeiten erzählen, die nicht nur mit der spektakulären Welt der Götter zu tun haben. Eifersucht war ein normales, alltägliches Gefühl, das zum Leben der Götter ebenso gehörte wie zum Leben der Sterblichen. Sie hat Streit und sogar Kriege ausgelöst, politische Komplotte oder kleinliche Missverständnisse hervorgebracht. Stets war Eifersucht eine dynamische, zerstörerische Kraft, die Bewegung und Veränderung ins Leben brachte. Sie war die antreibende Energie hinter vielen Ereignissen, weshalb die Menschen sich, durchaus zu Recht, einerseits durch sie getrieben gefühlt haben, sich andererseits aber auch von ihr treiben ließen.

Stets war Eifersucht eine dynamische, zerstörerische Kraft, die Bewegung und Veränderung ins Leben brachte.

Eine andere Qualität bekam die Eifersucht in den abendländischen Kulturen, nachdem das zur Staatsreligion gewordene Christentum die Ehe als monogam und gemäß Dogma als „unauflöslich" definiert hatte. Eifersucht wurde mit einer theologisch legitimierten Moral verbunden, die ihr für Jahrhunderte eine stabile Basis für ihre Aufrechterhaltung verlieh. Moral wurde mit Sünde (sogar mit Todsünde) und Sünde mit Hölle verknüpft. Derjenige (zumeist diejenige!), der eine Sünde begangen hatte, wurde bestraft – weltlich und möglicherweise später auch jenseitig.

Moral wurde mit Sünde (sogar mit Todsünde) und Sünde mit Hölle verknüpft.

Die Frau hat dem Mann gedient und der Mann hat die Frau versorgt. Anders war es moralisch nicht vorstellbar und gesellschaftlich nicht umsetzbar. Ab dem 12. Jahrhundert haben sich die Auswirkungen des kirchlichen Monopols auf die Ehe noch verstärkt. Die Institution Ehe hatte nicht nur ihren Sinn für den Aufzug des Nachwuchses, sondern war zudem ein „Schutz-Bündnis" für die Gesellschaft. Es sollte das Verhalten von jungen Frauen kontrollieren und die sexuelle Energie der Männer kanalisieren. Aus der Liebe und der daraus entstandenen Beziehung wurde so (fast) eine Zwangs-Institution mit genau vorgegebenen Regeln, in welcher der Besitz des Partners eine entscheidende Rolle spielte. Es war eine Phase der menschlichen Entwicklung, in der es wichtig war, „zu haben" und „zu besitzen" – auf der materiellen Ebene genauso wie auf der geistigen. Natürlich spielte auch hier die christliche Religion, manifestiert in der Macht der Kirche, eine entscheidende Rolle, weil sie ihren Einfluss auf das Denken der Menschen mit brutaler Konsequenz ausübte.

Dieser Prozess löste eine zweifache Entwicklung aus: Zum einen hatte sich die Freiheit des Einzelnen – und der Frau im Besonderen – der kirchlichen Verkündigung unterzuordnen; zum anderen wurde die Verbindung zwischen Beziehung und Besitz festgeschrieben. Besitz-Ansprüche auf den jeweiligen Partner wurden von der Gesellschaft als völlig normal angesehen und akzeptiert. War im Altertum Eifersucht noch mehr einer Sache der persönlichen „Ehre", so wurde sie unter der kirchlichen Herrschaft zu einer moralischen Angelegenheit.

Mit dem Aufkommen der bürgerlichen Gesellschaft und dem Zurückdrängen des kirchlichen Machtanspruches brachen sich Freiheit und individuelle Verantwortung neue Bahnen, in denen neben der Selbstbestimmung auch ein „romantisches Gefühl" zugelassen wurde. Letzteres gestattete die gesellschaftliche Übereinkunft vorrangig den Frauen.

Die weitere Säkularisierung in der modernen Industriegesellschaft, bis hinein ins 21. Jahrhundert, hat diese Freiräume weiter ausgebaut, nicht selten unter erheblichen Zerwürfnissen (Emanzipations-Bewegung). Geblieben sind allerdings die menschlichen Ur-Themen. Auch für die selbstbewusste Frau im Zeitalter von iPhone und iPad sind die psychologischen Grundstrukturen nicht anders als zur Zeit des Sokrates oder der Hildegard von Bingen.

Ist Eifersucht angeboren oder anerzogen?

Im Zusammenhang mit der Geschichte der Eifersucht steht zeitübergreifend eine Frage im Vordergrund: „Ist Eifersucht angeboren oder anerzogen?" Gibt es für dieses Gefühl eine genetische Erklärung oder ist es das Ergebnis von Erziehung und Lebensstil? Als Antwort auf diese Frage existieren die unterschiedlichsten Theorien und Meinungen. Auch wenn diese Erklärungsmodelle häufig Vergleiche aus dem Tierreich heranziehen – seien es Säugetiere, Schimpansen, Bonobos, Igel oder Fledermäuse – bleibt in den meisten Fällen leitend, dass für viele Forscher auf diesem Gebiet ein Punkt von besonderer Wichtigkeit ist, nämlich wie sich das menschliche Verhalten auf das Erbgut auswirkt. Eine Theorie besagt, dass die Frauen deshalb mehrere Beziehungen eingehen, weil sie die besten Gene für ihre Nachkommen suchen. Männer wiederum stehen unter dem Zwang, sich fortpflanzen zu wollen. Sie möchten ihr Erbgut weitergeben und suchen dafür immer neue Möglichkeiten, um ihre Nachkommenschaft zu sichern. Wenn die Frauen immer das Beste für sich suchen, müssen die Männer immer das beste Angebot unterbreiten. So einfach stellen sich manche Theoretiker das „Spiel der Geschlechter" vor.

Die Partnersuche ist genetisch vorgegeben und gehört ganz natürlich zur menschlichen Entwicklung. Der Mensch sucht einen Partner, denn er ist so von der Natur vorprogrammiert. Der Mann sucht die Frau und die Frau sucht den Mann, um sich gemeinsam um das Erbgut zu kümmern. Auch wenn es die komplexe Thematik der zwischenmenschlichen Beziehungen keineswegs auch nur annähernd abdeckt, lebt die Gesellschaft weitgehend mit diesem Grundkonsens, wonach es die primäre Aufgabe des Menschen ist, sowohl des Mannes als auch der Frau, sich um die Weitergabe des vorhandenen Erbgutes zu kümmern. Allerdings, und das macht es etwas kompliziert, scheint es aus der Natur heraus genetisch programmiert zu sein, dass der Mensch einmal hier und einmal da sucht. Man ahnt, dass hier ein ziemliches Konfliktpotenzial schlummert!

Die Partnersuche treibt den Einzelnen so lange an, bis er das bekommt, was er sucht – und sich dabei auch noch wohlfühlt. Aus der Sicht der Genetik steht dem Menschen – aufgrund des „Angebotes" – die Freiheit bei der Partnerwahl ganz natürlich zu. Es geht schließlich um das Erbgut, das weiterleben und weitergegeben werden soll! Doch es gibt auch hier den berühmten Haken. Die Natur hat es wohl nicht so einfach mit uns Menschen gemeint. Oder erklären wir Menschen die Natur nur auf eine komplizierte Art und Weise? Sobald eine Frau das Beste für ihr Erbgut gefunden hat, wendet sie ihre ganze Aufmerksamkeit auf diesen Nachwuchs, und sie verlangt und erwartet dasselbe auch von ihrem Partner. Sobald der Mann eine passende Möglichkeit gefunden hat, um sein Erbgut zu vermehren, erhebt er Besitzansprüche auf die Partnerin, um sicherzustellen, dass er der tatsächliche Vater des Kindes ist, damit es „sein Material" ist, welches er versorgt. So kommen unerwartet neue Besitzansprüche und klar definierte Erwartungen ins Spiel um das Erbgut. Beide zusammen bilden eine wunderbare Grundlage für die Eifersucht.

Eine andere Evolutionstheorie nimmt das Patriarchat als Nährboden für die Eifersucht an. Dadurch, dass dem Mann das naturgesetzliche Recht auf „echtes Erbe" zugesprochen wird, ist die Eifersucht sein natürliches Instrument, um dieses Recht zu verteidigen. Man kann aus heutiger Sicht sagen, dass die Eifersucht des Mannes durch das Patriarchat gesellschaftlich „legalisiert" worden ist. Sie gilt nicht mehr nur als eine treibende, unruhige, eventuell auch zerstörerische Emotion, sondern eher als moralischer Schutz für den ganz privaten, zutiefst intimen „Besitz". Dieser seltsame Besitzan-

Die Eifersucht des Mannes ist durch das Patriarchat gesellschaftlich „legalisiert" worden.

spruch des Mannes auf die Frau wurde so gesellschaftlich anerkannt, akzeptiert und hat sich ins Bewusstsein des Menschen eingebrannt. Während Evolutionstheoretiker und Kirchenvertreter in seltener Verbundenheit nun eine Ordnung in der Gesellschaft sehen, was das Erbgut anbelangt, zeigen sich in der Realität, vor allem auf der Seite der Frauen, Einschränkungen, Beklemmungen, Verlogenheit sowie Intrigen und Verleugnungen – die ein wichtiger Nährboden für die Angst sind.

Angst wiederum ist, wie sich im Folgenden zeigen wird, von zentraler Bedeutung für die Eifersucht.

Angst ist von zentraler Bedeutung für die Eifersucht.

In einer klassischen Patriarchatsstruktur hatten sowohl diejenigen Angst, die etwas (jemanden) besaßen, als auch diejenigen, welche diesen Besitz darstellten. Der eine hatte Angst um sich selbst, um seine Würde und sein Ansehen, der andere hatte Angst, heimlich etwas zu leben, was er moralisch nicht leben durfte, was nicht gesellschaftlich akzeptiert war. Die Angst prägte viele Handlungen – mit den vorhersehbaren psychologischen Folgen.

Aufgrund von Konvention, Ehre, Ansehen und Moral gewann die Eifersucht immer mehr an sozialer und psychologischer Kraft. Diese Entwicklung vollzog sich so lange, bis sie als „normaler" Aspekt einer Liebesbeziehung anerkannt wurde. „Wer liebt, ist auch eifersüchtig, sonst liebt er nicht wirklich", besagen viele alte Beziehungsratgeber. Eifersucht wurde als eine Art „Liebesbeweis" empfunden. Diese seltsame, aber gesellschaftlich durchaus akzeptierte

Abwegigkeit zeigt nur, wie stark der Besitzanspruch auf einen Partner im Bewusstsein der Menschen noch immer wirkt. Die meisten Betroffenen merken gar nicht, dass sie nachhaltig und mit einer starken Tendenz zur Selbstschädigung gegen die Liebe handeln.

Es spricht sehr viel dafür, dass Eifersucht nicht angeboren, sondern vielmehr anerzogen ist. Es geht nicht um Genetik, sondern um Bewusstsein. Die geschilderten Entwicklungen haben jedoch zweifelsfrei dazu geführt, dass Eifersucht heute als starke Blockade auf dem Weg zu einer glücklichen Beziehung und zu wirklicher Liebe wirkt.

Es spricht sehr viel dafür, dass Eifersucht nicht angeboren, sondern vielmehr anerzogen ist.

Die heutige gesellschaftliche Realität eröffnet Männern und Frauen eine vollkommen neue Perspektive. Der Mensch kämpft nicht mehr um das nackte Überleben. Seine Interessen richten sich vielmehr immer stärker auf die Suche nach dem wahren Sinn seiner Existenz aus. Auf der materiellen Seite kann sich der größte Teil der Menschheit alles erfüllen, was zum Leben benötigt wird. Die elementaren Bedürfnisse des Einzelnen sind gesättigt, wenn nicht sogar übersättigt durch das riesige Angebot an weltlichen Gütern. Offen bleibt dagegen die Frage: „Was macht mich wirklich glücklich?" Beziehungen und Familien werden nicht mehr aus reiner materieller Not und aufgrund

Was macht mich wirklich glücklich?

wirtschaftlicher Sicherheit gegründet. In das Zentrum der Aufmerksamkeit des Einzelnen rückt immer stärker die aus innerer Freiheit empfundene Liebe. Aufgrund dieses Entwicklungsprozesses entstehen für die Menschen allerdings neue Aufgaben, die mit den Herausforderungen der Vergangenheit nicht mehr zu vergleichen sind. Das Leben aus wirklicher Liebe heraus zu leben, ist eine völlig neue Qualität. Sie steht im offenen oder verdeckten Gegensatz zu einer Existenz innerhalb der noch immer von einer Mehrheit anerkannten gesellschaftlichen und wirtschaftlichen Normen. Der „Weg der Liebe" löst eine starke Konfrontation mit der Angst aus, da die Liebe, wie vorstehend ausgeführt, in der menschlichen Wahrnehmung noch vielfach mit Angst verbunden ist. Diese Angst zu überwinden, die eine wichtige Rolle in der Gesellschaft der letzten tausend Jahre gespielt hat, stellt die eigentliche Herausforderung im Beziehungsleben des modernen Menschen dar.

Die Angst zu überwinden, stellt die eigentliche Herausforderung im Beziehungsleben des modernen Menschen dar.

Aus diesem Blickwinkel lässt sich eine neue Einstellung zur Eifersucht gewinnen. Sie zeigt sich jetzt nicht nur als eine blockierende Kraft, sondern als Hemmschuh für ein freies, selbstbestimmtes Leben. Sie verstellt den Blick auf den eigentlichen Weg zum eigenen Selbst und zu echter, wahrhafter Liebe. Keine Frau wird heute noch allein aufgrund gesellschaftlicher Konventionen eine Ehe eingehen, und kein Mann wird noch eine Familie gründen, damit ihm Geld und Vermögen erhalten bleiben. Was im letzten Jahrhundert noch als selbstverständlich galt, wirkt heute nur noch lächerlich. Die strengen moralischen Regeln, die fast ausschließlich religiös legitimiert wurden, sind heute weitgehend überholt. Den meisten Menschen des 21. Jahrhunderts stehen mehr Freiräume zur Verfügung als jemals zuvor in der Geschichte.

Dies alles erkennend, sollte man trotzdem die alten Muster und familiären Prägungen nicht gänzlich außer Acht lassen. Sie zeigen sich noch immer im gesellschaftlichen Dialog – und vor allem wirken sie in unbewussten Ebenen des Menschen. Alte Zöpfe müssen immer wieder abgeschnitten werden; denn sie wachsen nach!

Alte Überlieferungen bieten weniger selbstbewussten und selbstbestimmten Menschen noch immer eine gewisse Sicherheit, wenngleich sie auch bei ihnen häufig Spannungen zwischen altem und neuem Denken verursachen. Es ist daher wichtig, die gesellschaftlichen und innerseelischen Hintergründe für die Eifersucht zu erkennen; denn damit bietet sich die Chance, dieses Gefühl anders wahrzunehmen und seine durchaus vorhandene Kraft umzuwandeln: Nicht als zerstörerische Komponente, sondern als aufbauender Aspekt auf dem Weg zur Selbsterkenntnis.

DIE SUCHE NACH DEM, WAS IM MOMENT WIRKLICH WICHTIG IST

Eifersucht ist Teil des Lebens, weil sie immer schon mit dem menschlichen Dasein verbunden war. Das Leben auf Erden wird seit Anbeginn von Gegensätzen geprägt. Auf der einen Seite sucht der Mensch nach Glück, Liebe und Einheit, auf der anderen Seite ist er immer seinen Ängsten und Zweifeln unterworfen. Es ist eine kreatürliche Existenz-Angst, die vielen Menschen innewohnt. Allerdings wird sie auch von bestimmten gesellschaftlichen Kräften künstlich verstärkt. Es gibt einflussreiche Kreise, die nichts mehr fürchten, als einen freien, selbstbewussten und selbstbestimmten Menschen. Und manche männlichen Kreise fürchten sich zudem vor einer freien, selbstbewussten und selbstbestimmten Frau!

Das heutige Leben bietet eine Chance, diese alten Ängste aus einem neuen Bewusstsein zu betrachten. Es besteht keinerlei Notwendigkeit mehr, sich noch mit diesen alten Rollen- und Denkmodellen zu identifizieren.

Stellen Sie sich – unabhängig von Ihrer Vergangenheit mit allen positiven und negativen Erfahrungen – die Frage: „Was will ich jetzt, in dieser Phase meines Lebens, wirklich für mich erreichen? Wo liegen meine Prioritäten? Wie sehen meine Möglichkeiten aus?"

Schauen Sie sich genau an, inwiefern noch alte Vorstellungen oder Erwartungen Ihre Lebensgestaltung prägen. Machen Sie sich klar bewusst, welche Erwartungen wirklich Ihre eigenen und welche anerzogen sind. Handeln Sie noch nach dem Motto: „So macht man das doch!" oder handeln Sie nach dem, was Ihr innerstes Selbst wirklich will?

Sie können nur zu wahrer Freiheit finden, wenn Sie sich bewusst machen, was Ihre ureigene innere Kraft ist und welche Muster Ihnen die Gesellschaft eingeprägt hat. Im klaren Erkennen des Unterschiedes liegt Ihr persönliches Lebensglück begründet!

Werfen Sie in diesem Zusammenhang einen Blick auf die Sätze:

„Mein Partner gehört mir." oder „Mein Partner gehört zu mir."

Fühlen Sie die unterschiedliche Qualität dieser Aussagen und versuchen Sie, Ihre Wahrheit in Ihrem Leben umzusetzen.

2
EIFERSUCHT UND
GESELLSCHAFTLICHE
WERTMASSSTÄBE

Eifersucht ist nur eine spezielle Ausdrucksform der am weitesten verbreiteten und mächtigsten Emotion – der Angst. Sie spiegelt jene innere Seite eines Menschen, welche mit Unwissenheit und Nicht-Erkennen verbunden ist. Angst entsteht aus negativen Erfahrungen in der Vergangenheit sowie aus der Furcht vor Neuem und Unbekanntem in der Zukunft. Sie ist eine starke Kraft, die den Menschen hemmt, die Realität so zu sehen und anzunehmen, wie sie wirklich ist. Interessanterweise hat eine wissenschaftliche Studie herausgefunden, dass über 80% der menschlichen Ängste völlig unbegründet waren – da das Befürchtete nie eingetreten ist! Vielleicht sollte man/frau dies im Zustand akuter Eifersucht nicht ganz unberücksichtigt lassen…

Die Angst war immer und wird auch zukünftig eine kraftvolle Emotion bleiben, durch welche sich ein Mensch leicht manipulieren lässt. Nur ängstliche und verängstigte Menschen lassen andere, die sie für scheinbar stärkere und autoritativere Menschen halten, Macht über sich ausüben und Entscheidungen über ihr Leben treffen. Die Ge-

schichte und die Gegenwart in Familie und Büro liefern
genügend solcher Beispiele.

Es waren immer zwei Kräfte – zwei Energieströme –,
welche die menschliche Entwicklung geprägt haben. Die
eine Kraft ist die natürliche, in jedem Menschen veran-
kerte geistige Suche oder das Streben nach der Einheit mit
dem Selbst, mit der Natur, mit etwas Höherem, mit Gott.
Diese Suche nach Sinn und Einheit stellt eine gewaltige
Kraft dar, die nach einer weiteren höheren Entwicklung
strebt. Jede Empfindung dieser Einheit trägt Harmonie,
Gleichgewicht, Ordnung, Klarheit, Erkenntnis und Le-
benskraft in sich.

Die andere Kraft lebt ausschließlich durch die Kausali-
tätskette zwischen Ursache und Wirkung, sucht nach Stabilität und Sicherheit, sträubt sich gegen neue Erkenntnisse und gegen jegliche höhere Entwicklung. Dieser zweite
Energiestrom lässt sich einerseits gerne führen, lässt Kontrolle und Druck zu, polarisiert und bewertet; andererseits
strebt er nach Expansion, Eroberung und Besitz.

Durch diese zwei Ströme ist die menschliche Geschichte
und Entwicklung geprägt. Jeder kann ahnen, von welcher
Kraft sich der Mensch in welcher Phase überwiegend hat
leiten lassen. Diese zwei Energieströme besaßen und besitzen natürlich einen immensen Einfluss auf Beziehungen –
zwischen zwei Menschen im Allgemeinen sowie zwischen
Mann und Frau im Besonderen. Das Gefühl Eifersucht hat
so immer neue inhaltliche Prägungen bekommen, und
das gesellschaftliche Lebens- und Rollenmodell hat sich
stark an seiner äußerlichen Ausgestaltung beteiligt.

Einheit und Polarität haben sich in verschiedenen Epochen unterschiedlich manifestiert.

Die Einheit zwischen männlichen und weiblichen Aspekten und Kräften war in der Antike stärker ausgeprägt. Die Frauen haben sich in zahlreichen Gesellschaften gleichberechtigt an privaten und öffentlichen Angelegenheiten beteiligt. Im weltlichen wie auch im geistigen Leben spielten Frauen eine wichtige Rolle – als Mütter und Ehefrauen, aber auch als Priesterinnen und Eingeweihte. „Da sie diese hohen, in der Antike als göttlich angesehenen Aufgaben bewusst erfüllte, war sie (die Frau) in der Tat die Priesterin der Familie, die Hüterin des heiligen Lebensfeuers, die Vesta an der Feuerstätte. Aus diesem Grunde kann man die weibliche Einweihung als die wahre Ursache für die Schönheit des Volkes, die Kraft der Generationen und die Dauerhaftigkeit der Familie im antiken Griechenland und Rom betrachten."[1] Das beste und wahrscheinlich bekannteste Beispiel aus der Geschichte für diese Entwicklung war die legendäre „Pythagoreische Schule". Der berühmte griechische Weise ist in der Antike nicht vorrangig wegen seiner mathematischen und naturwissenschaftlichen Erkenntnisse geschätzt worden, sondern vor allem wegen seiner religiösen Lehre. Pythagoras hat sich stark für die Gleichberechtigung der Frauen eingesetzt. Ihm war es wichtig,

Pythagoras hat sich stark für die Gleichberechtigung der Frauen eingesetzt.

dass Frauen und Männer sowohl in das innere Wissen eingeweiht werden konnten als auch in die Lehre der naturwissenschaftlichen Prinzipien. Zu seiner Zeit hatten die

Frauen einen natürlichen Zugang zu den Mysterien der Liebe, in denen Schönheit und Harmonie hoch geschätzt worden sind. Eine Frau übernahm die Rolle als Geliebte, Ehefrau und Mutter und inspirierte dadurch den Mann. Mann und Frau, von denen sich jeder zunächst in seinem Wesenskern selber gefunden hatte, konnten sich dann in der tiefen, leidenschaftlichen, aus der Seele sprudelnden Liebe gegenseitig befruchten. Die Verschmelzung war sowohl ein Spiegel der kosmischen Harmonie zwischen zwei Seelen als auch eine Quelle für das neue Leben. „In Vater, Mutter und Kind konnte der Eingeweihte nun Geist, Seele und Herz des lebendigen Universums erkennen. Für ihn bildete diese letzte Einweihung das Fundament des gesellschaftlichen Bauwerkes, erdacht in der Erhabenheit und Schönheit des Ideals, zu dem jeder Eingeweihte seinen Stein hinzufügen musste."[2]

Pythagoras lebte dreißig Jahre lang in Krotona, in einer kleinen Stadt an der süditalienischen Küste. Hier gründete er eine Gesellschaft, in welcher die geistigen Prinzipien im Vordergrund standen. „Er war ein Reformator, der einen Staat wünschte, in dem Ordnung und Harmonie herrschten, er liebte weder den Druck der Oligarchie noch das Chaos der Demagogie."[3] Die Kraft dieser Gesellschaftsform hatte sich auch in den anderen Städten der Halbinsel verbreitet, was natürlich manche Stadtstaaten, die mit den geistigen Prinzipien gar nicht vertraut waren, als bedrohlich empfanden. Sybaris, eine Stadt, die stark auf aristokratische Prinzipien baute, war die Rivalin Krotonas. Sybaris zerstörte die blühende Gesellschaft Krotonas in einem Krieg, ausgelöst von der Eifersucht reicher Oligarchen und Aristokraten. An den Folgen dieser Katastrophe starb später auch Pythagoras. Seine Schüler haben sich dann in einem Orden als sogenannte „Pythagoreer" versammelt. Dieser Orden war noch mehr als zweihundert Jahre aktiv. Die Lehre des weisen Griechen ist aber viel länger im Bewusstsein der Menschen geblieben.

Sein Streben nach Einheit und Harmonie sowohl in der Gesellschaft als auch im privaten Leben konnte auch keine neue Religion aus dem kollektiven Bewusstsein ausradieren. Die Prinzipien, die in einer ursprünglichen geistigen Ordnung begründet waren und in der pythagoräischen Akademie gelebt wurden, blieben bis heute im menschlichen Bewusstsein verwurzelt. Auch wenn viele Errungenschaften dieser Zeit in den verschiedenen Entwicklungsphasen der Geschichte scheinbar in Vergessenheit gerieten, blieb die Macht der Ideen doch weiter bestehen. Mag diese Anerkennung weiblicher Stärke auch nur als kleiner Funke in der menschlichen Erinnerung weitergelebt haben, so konnte er doch nie ganz gelöscht werden. Viele Jahrhunderte wartete er in der Stille auf seine Wiederentdeckung im Herzen und im Bewusstsein der Menschen.

Dieser kleine historische Ausflug gewinnt einen konkreten Bezug zur Gegenwart, wenn man sich mit dem Gedanken anfreunden kann, dass Ideen manchmal ihrer Zeit um Jahrhunderte voraus sind. Die Anerkennung des

Die Anerkennung des Weiblichen, wie es in Teilen der griechischen Antike gelebt wurde, erlebt im gegenwärtigen spirituellen Aufbruch eine faszinierende Neugeburt!

Weiblichen, wie es in Teilen der griechischen Antike gelebt wurde, erlebt im gegenwärtigen spirituellen Aufbruch eine faszinierende Neugeburt!

Die Aspekte von Gleichberechtigung, Einheit und Harmonie zwischen Mann und Frau sind in der weiteren Menschheitsgeschichte, vielleicht mit Ausnahme der Renaissance, nie mehr so bewusst gelebt worden. Je mehr die Menschen die Länder der Erde besiedelten und sich an die Früchte der Landwirtschaft und später an die industrielle Produktion banden, desto mehr suchten sie eine Organisation, eine funktionierende Struktur für die neu entstandenen Gesellschaften, die nicht nach geistigen Werten aufgebaut waren, sondern nach materiellen und hierarchischen Prinzipien wie Besitz und Macht. In dieser Zeit wurde auch die soziale Trennung zwischen männlichen und weiblichen Impulsen stärker. Männer waren mehr an äußeren Werten orientiert, an Besitz oder an der Eroberung neuer Gebiete, Frauen bekamen immer mehr Aufgaben im Haushalt zugewiesen. Die Frau war keine gleichberechtigte Partnerin mehr, sondern sie war von ihrem Mann abhängig. Ihre Tätigkeit war nunmehr auf das Private beschränkt, und sie besaß, von Ausnahmen abgesehen, immer weniger Einfluss auf das gesellschaftliche Leben. Die Entscheidungen der Männer rückten in den Vordergrund und prägten zwei Jahrtausende der menschlichen Geschichte. Der weibliche Aspekt hatte seinen angesehenen Platz in der Gesellschaft verloren,

Der weibliche Aspekt hatte seinen angesehenen Platz in der Gesellschaft verloren, der männliche dagegen seine Stellung ausgebaut.

der männliche dagegen seine Stellung ausgebaut. Die Gemeinsamkeiten zwischen Mann und Frau erstreckten sich zumeist auf den persönlichen Besitz, auf die Schaffung einer Familie und auf die Notwendigkeit zu überleben. Aus dieser Notwendigkeit, und hier stoßen wir auf einen entscheidenden Punkt in der Geschichte des weiblichen Selbstbewusstseins, entstand die Monogamie mit ihren strikten, meist theologisch legitimierten Regeln für die sogenannte „Liebe zwischen Mann und Frau". Familienstruktur und Geschlechtshierarchie waren auf religiöser Basis festgelegt, die Beziehung zwischen Mann und Frau hatte eine gesellschaftliche Ordnung und damit eine unerschütterliche Struktur bekommen. Auf der einen Seite war klar definiert, welche Rolle dem Männlichen und dem Weiblichen in der Gesellschaft zustand, an welche Regeln man sich zu halten hatte und wie bei Missachtung die Strafen aussahen. Bekanntlich kamen die Frauen in dieser gesellschaftlichen ‘Übereinkunft' nicht besonders gut weg. Und dies traf nicht nur für die christlich-abendländischen Gesellschaften zu! Auf der anderen Seite war der befruchtende gegenseitige Austausch, die Harmonie zwischen der männlichen und der weiblichen Kraft, aus dem Gleichgewicht geraten. Der männliche Teil hatte an Dominanz gewonnen und Spannung in die ursprüngliche Harmonie gebracht. Die „Struktur" – die weltlichen und kirchlichen Gebote – stand über der Liebe und über den Herzen der Liebenden. Die Suche nach einem geistigen Ideal, nach einer inneren Einheit, wurde der Suche nach neuem Besitz und weiteren Überlebensmöglichkeiten untergeordnet.

Die römisch-katholische Kirche hat später ihr Mög-

Die Suche nach einem geistigen Ideal, nach einer inneren Einheit, wurde der Suche nach neuem Besitz und weiteren Überlebensmöglichkeiten untergeordnet.

lichstes getan, um diese Strukturen zu festigen, die bis heute sichtbar sind. Aus der Angst heraus, dass der Mensch durch seine innere Kraft nach dem höheren geistigen Ideal der Einheit streben könnte, musste seine Freiheit beschnitten werden. Sollte er zudem neben der geistigen auch seine körperliche Eigenständigkeit bewahren und damit nicht mehr manipulierbar sein (Todsünde und Höllenstrafe!), hätte dies zu einem empfindlichen Machtverlust geführt. Daher mussten die Kirchen die Vereinigung von Mann und Frau – an erster Stelle natürlich die sexuelle – dämonisieren. Die Frau wurde deshalb als minderwertiges Wesen dargestellt, das allein dem Mann zu dienen hatte. Einer der einflussreichsten Kirchenlehrer, Augustinus (354-430), verstieg sich zu der Aussage: „Wenn nun gefragt, wozu dieses Gehilf / die Frau / nötig war, zeigt sich wahrscheinlich nichts anderes als die Hervorbringung von Kindern, so wie die Erde das Hilfsmittel für den Samen ist, damit aus beiden die Pflanze wachse." Die Frauen wurden durch diese Herabstufung aus dem geistigen Leben der Gesellschaft weitgehend ausgeschlossen. Dem Mann wurde eine Priorität zugesprochen, was dazu führte, dass er noch mehr an das Äußere gefesselt blieb und sich innerlich nicht für wirkliche Liebe zu öffnen vermochte. Statt die Einheit mit sich und mit einer höheren Macht zu suchen, wurden seine Interessen auf das äußere Eigentum und Vermögen gelenkt. Die Frau war von ihrer spirituellen Kraft her nunmehr unterdrückt, allein auf die mütterliche Rolle beschränkt und von der Seite des Mannes und der gesellschaftlichen Vorgabe her eingeschränkt. Dieses zerstörte Beziehungsmodell, dem seine eigentliche geistige Tiefe fehlte, schädigte natürlich nicht nur das weibliche Selbstbewusstsein, sondern presste die Männer in ein Rollenmodell, das ihrer inneren Bestimmung nicht mehr entsprach. Die Leidenschaft von Männern und Frauen wuchs nicht mehr in Richtung auf inneres Erkennen und innere Einheit, sondern fokussierte sich auf äußeren Besitz und weltliches Ansehen. So lenkte die Kirche die geistige Entwicklung des Menschen in eine Richtung, die jede echte, freie Spiritualität unmöglich machte. Des Menschen Bezug zu Gott sowie sein Verhalten im Leben waren mit klaren Regeln festgelegt. Diese meist aus Gründen der Machterhaltung festgeschriebenen Regeln besaßen keine geistige Verankerung und konnten von der Obrigkeit beliebig interpretiert werden. Das innere menschliche Wesen – die Seele – musste sich unterordnen.

Ursprünglich diente die Monogamie der Aufrechterhaltung einer Ordnung, die von der Kirche und der Obrigkeit vorgegeben wurde. In sich ständig verändernden Gesellschaften, in denen Macht und Einfluss im Wesentlichen vom materiellen Besitz abhängig waren, spielten Beziehungen eine Rolle, die jenseits des

> Ursprünglich diente die Monogamie der Aufrechterhaltung einer Ordnung, die von der Kirche und der Obrigkeit vorgegeben wurde.

Privaten vor allem die ökonomische Position der Familien betraf. Um diesen Machtstrukturen eine religiöse Legitimation zu verschaffen, bezogen sich kirchliche Kreise von Anfang an auf Paulus, der aufgrund seiner negativen Einstellung zu Frauen eine perfekte „Vorlage" lieferte: „Wegen der Gefahr der Unzucht soll aber jeder Mann seine Frau haben und jede Frau soll ihren Mann haben." (1 Korinther 7) Damit sollte nicht nur vermieden werden, dass eine Frau oder ein Mann ein uneheliches Kind bekam, sondern gleichzeitig sollte sichergestellt werden, dass das Erbe in der Familie, zwischen „ehelichen" Partnern und Geschwistern, verblieb. Die Verabredungen diesbezüglich wurden natürlich von den Männern getroffen, denn die Frau „sollte nicht nur in der Kirche schweigen".

Erst viel später, mit dem Aufkommen der bürgerlichen Gesellschaft und ihrer Ehemoral im 17. und 18. Jahrhundert, erhielt der Begriff Monogamie eine neue Qualität, die bis heute in vielen Menschen noch stark verwurzelt ist. Die Monogamie verkörperte – und tut dies bis heute! – ein partnerschaftliches Ideal, das nicht selten mit romantischen Vorstellungen verbunden war und ist. Das, was früher nur der Ordnung und der Aufrechterhaltung von Machtstrukturen in der Gesellschaft diente, verwandelte sich allmählich in ein geistiges Ideal. Die antike Vorstellung von der Einheit der männlichen und weiblichen Energie, die weiterreifte durch gemeinsame innere Entwicklung, wurde in der modernen Geschichte mit der Vorstellung der Monogamie gleichgesetzt. Die wahre innere Einheit geriet dabei in den Hintergrund, während der äußeren Zusammengehörigkeit eine immer größere

Bedeutung zugesprochen wurde. Vor dem Hintergrund des „Monogamie-Ideals" wurde eine Beziehung bewertet und gemessen. Die monogame Ehe lieferte für die Gesellschaft das einzig wahre (und gesellschaftlich akzeptierte!) Bild der Liebe – und das ist bis heute in weiten Kreisen so geblieben. Erst mit der ständig wachsenden Zahl „gescheiterter" Beziehungen begannen progressive Kreise dieses uralte Modell kritisch zu hinterfragen.

„Das besonders Prekäre an der Monogamie ist, dass sie so eng verknüpft wird mit der Vorstellung von Liebe, und dass der Hass, der aus dem Dogma entspringt, oft plötzlich zwischen zwei Menschen auflodert, die sich kurz vorher noch innig liebten. Wenn wir uns daran erinnern, dass sowohl Treue als auch Vertrauen in der ursprünglichen Bedeutung „fest" oder „stark" bedeuten, dann wird hier deutlich, dass sich dieses Konzept gegen sich selbst wendet, denn nichts ist unzuverlässiger, instabiler und verwandelt sich schneller von tief empfundener Liebe in abgrundtiefe, mordgierige Zerstörungswut gegen dieselbe Person, als eine Beziehung unter dem Diktat der Treue."[4]

Diese Aussage belegt, dass zahlreiche gesellschaftliche Normen längst nicht mehr der geistigen Entwicklung der Zeit entsprechen. Gerade im zwischenmenschlichen Bereich sind die Spannungen zwischen traditionellen Vorgaben und gelebter Wirklichkeit außerordentlich groß!

Gerade im zwischenmenschlichen Bereich sind die Spannungen zwischen traditionellen Vorgaben und gelebter Wirklichkeit außerordentlich groß!

Die „gesellschaftliche Meinung" hält die Monogamie für eine selbstverständliche Sache. Sie bezeichnet einen Zustand, in dem NUR zwei Partner zu einer Beziehung gehören. Entsprechend ist auch noch immer die Gesetzgebung ausgerichtet. Nach Wikipedia (2013) bezeichnet „Ehe oder Heirat eine durch Naturrecht, Gesellschaftsrecht und Religionslehren begründete und anerkannte, zumeist gesetzlich geregelte, gefestigte Form einer Verbindung zweier Menschen". Von der juristischen Seite her scheint alles klar definiert zu sein. Zwei Menschen in einer Verbindung. Von innerer Seite her fangen gerade in dieser Konstruktion jene realen Schwierigkeiten und Missverständnisse an, deren Ergebnis als Eifersucht bekannt ist. Diese seit Jahrhunderten anerkannte Zuordnung von zwei Lebenskräften auf der Basis der Monogamie bietet heute, aufgrund ihrer kritischen Lage, eine neue Chance, zu verstehen und zu überlegen, was überhaupt eine wahre Verbindung zwischen Mann und Frau sein kann. Zwar stellt die Monogamie anscheinend noch eine äußere Sicherheit dar und vermittelt eine gesellschaftliche Orientierung, doch im Inneren erfüllt sie nicht das, was sich in Wahrheit in den Seelen der heutigen Männer und Frauen abspielt. So wie Monogamie sich heute in der Gesellschaft präsentiert, begrenzt sie häufig eine wahrhafte, tiefe Verbindung zwischen zwei Seelen. Sie richtet ihr Augenmerk nur auf die Äußerlichkeiten einer Beziehung, anstatt sich auf innere Werte und Zusammenhänge zu konzentrieren.

Die Monogamie, in den verschiedenen Facetten, die vorstehend behandelt wurden, steht in einem direkten Bezug zur Eifersucht. Die Formel dafür ist leicht zu erraten: Sobald sich zu zwei Menschen ein Dritter gesellt, verursacht er – im alten Rollenmodell – Ungleichgewicht, Disharmonie und Spannung, welche sich in den meisten Fällen äußerlich als Eifersucht zeigt. Bei genauem Hinschauen kann man deutlich die psychologischen Problemfelder entdecken. So wie in der Gesellschaft Monogamie repräsentiert wird, soll ein „Dritter" vom Grundsatz her aus einer Zweierverbindung ausgeschlossen sein. Seine eventuelle Präsenz, egal wie intensiv und in welcher konkreten Ausgestaltung, berechtigt, vom gleichen Grundsatz her, die Manifestation von Eifersucht als Schutzreaktion hinsichtlich des Monogamie-Ideales. Im Vordergrund dieser ganz simplen Formel steht der gesellschaftlich verbreitete und akzeptierte Besitzanspruch. Die gesellschaftlich respektierte und eingeforderte Monogamie gibt dem Partner das Recht zu einer exklusiven Zusammengehörigkeit und damit auch das daran anschließende Recht, diese „Exklusivität" zu verteidigen. Das verbreitete Verteidigungsmittel, um auf diesem Recht zu bestehen, ist aber keinesfalls die Liebe, sondern ihre Gegensätze – Wut, Zorn oder gar Rache. Diese Emotionen lösen die starke Angst aus, möglicherweise zu verlieren, was einem aufgrund des monogamen Statusdenkens gehört. An diesem Punkt beginnt das schlimmste Kapitel in einer Beziehung. Weil man bewahren und behalten will, was einem scheinbar zusteht, vergisst man vollkommen, dass es doch eigentlich um Liebe geht. Um eine

> **Weil man bewahren und behalten will, was einem scheinbar zusteht, vergisst man vollkommen, dass es doch eigentlich um Liebe geht.**

Liebe, die sich doch an ganz anderen Werten orientieren sollte als an jenen Gesetzen, die aus gesellschaftlichen Übereinkünften entstanden sind.

Die heutige gesellschaftliche Realität, in welcher viele Beziehungen und Ehen auseinandergehen, liefert genügend Beweise dafür, wie wichtig es ist, die Inhalte bestimmter Vorgaben aus einer neuen Sicht und einer erweiterten Perspektive zu betrachten und zu verstehen.

Es geht nicht darum, nun mit allen Mitteln die Monogamie abzuschaffen, um neue Freiräume für moderne Partnerschaften zu eröffnen. Eine echte Partnerschaft, als Bindung von zwei selbstständigen und selbstbewussten Seelen, die sich selber finden und ihr gemeinsames Leben definieren wollen, sollte sich jedoch darüber im Klaren sein, welchen äußeren Einflussnahmen sie ausgesetzt ist. Die Partner sollten eine gemeinsame Strategie finden, um damit umzugehen. Auf diesem Feld gibt es noch viel zu tun.

Viele Paare vermeiden beispielsweise ein offenes Gespräch „über den Dritten/die Dritte" aus der Angst heraus, den Partner/die Partnerin zu verletzen oder selber verletzt zu werden. So sammelt sich diese Angst, bis sie sich irgendwann, oft unerwartet, als Eifersucht oder sogar als Rache offenbart. Viele Betroffene erdulden und tolerieren etwas, was gegen ihre innere Wahrheit geht und schämen sich vielfach, offen darüber zu sprechen, aus der häufig nicht unbegründeten Angst, nicht angenommen, nicht akzeptiert oder sogar ausgelacht zu werden. Oft sieht die Situation auch so aus, dass ein Partner, meistens der, der offen für Veränderungen ist, bereit ist zu sprechen, der andere jedoch nur ungern, widerwillig oder auch gar nicht zuhört. Diese Situationen sind eine schwere Prüfung für eine Partnerschaft, aber gleichzeitig auch eine großartige Chance, sich selbst aus wirklicher Liebe heraus neu zu entdecken, anstatt innerhalb von vorgegebenen Rollen ein Leben aus „zweiter Hand" führen zu müssen.

Ein anderes verbreitetes gesellschaftliches Phänomen, das sich von der Eifersucht nicht trennen lässt, ist die Treue oder das, was allgemein unter diesem Begriff verstanden wird. Jeder Mensch wünscht sich, dass sein Partner ihm treu ist und auch treu bleibt. Das Problematische an dieser Vorstellung dürfte allerdings der Tatbestand sein, dass laut Statistik jeder Zweite „fremdgeht". Ein Wort, das schon an sich äußerst fragwürdig ist und nur noch von „Seitensprung" oder „Betrügen" übertroffen wird. Warum bestehen Gesellschaften auch im 21. Jahrhundert noch so entschieden darauf, dass die Treue für eine glückliche Beziehung unverzichtbar ist?

Es erscheint daher sinnvoll, an dieser Stelle deutlich zu machen, *was* man allgemein unter dem Begriff „Treue" versteht. Wenn man heute das Beziehungsleben vieler Paare beobachtet, zeigt sich, dass Treue vorrangig im Zusammenhang mit Sexualität gesehen wird. Es bedeutet, dass ein Mensch nur dann treu ist, wenn er seine Sexualität ausschließlich mit seinem aktuellen Partner lebt. Die gesellschaftliche Vorgabe hat die Treue

Die gesellschaftliche Vorgabe hat die Treue weitgehend auf die Sexualität reduziert und sich praktisch exklusiv darauf fixiert.

weitgehend auf die Sexualität reduziert und sich praktisch exklusiv darauf fixiert. Diese Prägung hat sich im Bewusstsein vieler Menschen nach und nach fest verwurzelt. Einen treuen Partner zu haben, bedeutet demnach, dass dieser nur mit mir eine intime Beziehung hat. Ist das aber die wahrhafte Treue? Warum reduziert der Mensch sein Wesen nur auf einen Aspekt seines Seins? Warum wünscht man sich eigentlich einen treuen Partner? Nur um die Sexualität mit ihm auszuleben und sich so zu beweisen, dass der Partner einem gehört? Ist ein Partner nur ein Sexual-Objekt und eine Partnerschaft weitgehend nur eine Plattform für Sex? Diese reduzierte Vorstellung von einer „treuen Partnerschaft" erweist sich auch in der modernen Gesellschaft von heute noch als ein Überbleibsel der letzten hundert Jahre. Weil die Sexualität durch die kirchliche Moral auf der einen Seite dämonisiert und auf der anderen Seite unterdrückt wurde, ist sie in der Geschichte des Christentums stets als eine konfliktbeladene, nie als eine aufbauende Kraft wahrgenommen worden. Es war von kirchlicher Seite her wichtig, diese Kraft unter Kontrolle zu halten und so einen Mensch in Angst (Drohung mit der Todsünde!) zu versetzen, damit er leichter manipulierbar war. Diese Angst hat dazu geführt, dass er sich angepasst hat, um sein Ansehen, seine Moral oder auch seine gesellschaftliche Stellung nicht zu gefährden. Diese Angst ist, wenn auch in anderer Intensität und in modifizierter Form, bis heute erhalten geblieben und spiegelt sich nicht zuletzt in ihrer Gestalt als Eifersucht nach außen.

Weil die sexuelle Energie früher, mit einer pseudo-moralischen Begründung, unterdrückt wurde, wird heute –

jedes Pendel schlägt zurück – das andere Extrem gelebt: Die Überbewertung der sexuellen Energie. Was man früher nicht leben durfte, kann man heute sehr intensiv leben. Entscheidend ist allerdings, wie man mit dieser Intensität umgeht. Die Angst, verletzt zu werden, wenn der Partner „fremdgeht", oder den Partner zu verletzen, wenn man selber eine andere Beziehung eingeht, spielt nach wie vor eine bedeutende Rolle. Diese Angst wird natürlich stärker, wenn man sein Dasein und die eigene Partnerschaft rein durch sexuelle Energie und die in diesem Zusammenhang angesprochene „Treue-Vorstellung" definiert. Man beschränkt sich und den Partner nur auf einen Aspekt, und diese Reduzierung stellt in letzter Konsequenz eine Missachtung der Würde des Gegenübers dar. Man sieht nur die Untreue im Sinne des „Seitensprunges", konzentriert seine Energie ganz darauf, dass man „betrogen" wurde, und übersieht dabei zumeist vollständig, dass auch andere wichtige Beziehungswerte im Spiel sind. Die simple Konzentration allein auf die Sexualität zerstört alle anderen wertvollen Aspekte zwischenmenschlicher Beziehungen. Sie reduziert Menschen zu Lustobjekten!

Die simple Konzentration allein auf die Sexualität zerstört alle anderen wertvollen Aspekte zwischenmenschlicher Beziehungen.

Wenn in einer Beziehung nicht das ganze Potenzial eines Menschen wahrgenommen wird, ruft dies Disharmonie hervor, die irgendwann nach Ausgleich sucht. Eine Beschränkung führt häufig zu einer Verengung im Blick auf einen anderen Menschen. Diese Verengung verhindert es naturgemäß, die Realität so zu sehen, wie sie wirklich ist. Die Treue ausschließlich auf die sexuelle Treue zu reduzieren, führt unweigerlich zu Unzufriedenheit und Frustration. Treue ist an erster Stelle ein Zeichen der Zuverlässigkeit in allen Aspekten des Zusammenlebens. Wenn diese in der Beziehung Ausdruck findet, herrscht Harmonie, denn keiner der Partner klammert sich nur an einen Aspekt des Daseins. So überwiegt das Gemeinsame, Aufbauende und Harmonisierende, das Ängstliche und Besitzergreifende. Treue im Sinne von Zuverlässigkeit bedeutet für eine Beziehung eine aufbauende Kraft, durch die jeder finden kann, was er selber für sein Wachstum benötigt. Falsch verstandene Treue führt nur zu Schmerz, Konflikt und innerer Spannung. Sie geht zusammen mit falsch gelebter Sexualität, die sich durch Angst und Besitzdenken definiert.

> **Die Treue ausschließlich auf die sexuelle Treue zu reduzieren, führt unweigerlich zu Unzufriedenheit und Frustration.**

Auf dem Feld der Sexualität zeigen sich häufig alle Ängste des Menschen. Daher ist es überaus sinnvoll, sie anzuschauen und für sich zu verstehen, wo ihre Ursachen liegen. Die heutige Zeit bietet viele Möglichkeiten dafür, da keiner mehr verpflichtet ist, noch in alten Denkmustern und nach längst überholten gesellschaftlichen Normen zu leben. Man muss nicht mehr um sein Überleben kämpfen und sich deswegen an etwas anpassen, was man innerlich nicht bejahen kann. Sobald auch die anderen Werte in einer Beziehung die gleiche Bedeutung wie die Sexualität erhalten, wird sich die Angst davor, dass der Partner „fremdgehen" könnte, minimalisieren. Eine Beziehung bekommt dadurch mehr Stabilität und Gleichgewicht. Es sind aber vor allem diese Qualitäten, die eine Partnerschaft tragen und es ermöglichen, eine beglückende spielerische Sexualität zu entfalten, anstatt sich an sie zu klammern und sie zu kontrollieren. Es besteht keine Notwendigkeit, Kontrolle über sich oder andere auszuüben,

stattdessen kann jeder sich selbst erkunden und Vertrauen entwickeln. Je mehr Selbstvertrauen der Einzelne entwickelt, desto zuverlässiger lebt er seine Beziehungen und ist nicht ängstlich besorgt, was seine und die Bedürfnisse seines Partners anbelangt. Dann kann er sich wirklich dem Anderen öffnen und das als Geschenk annehmen, was dieser ihm überreichen möchte. Es ist eine Kunst, die sich nur in Liebe entfalten kann – ohne festgefahrene Regeln oder gesellschaftliche Vorgaben – und vor allem ohne Angst!

> **Je mehr Selbstvertrauen der Einzelne entwickelt, desto zuverlässiger lebt er seine Beziehungen und ist nicht ängstlich besorgt, was seine und die Bedürfnisse seines Partners anbelangt.**

Viele gesellschaftliche Denkmuster, Gewohnheiten und Vorschriften hatten zu einer bestimmten Zeit möglicherweise ihre Berechtigung und ihren Sinn. Zudem waren sie immer ein Spiegel des existierenden kollektiven Bewusstseins. Viele Regeln haben vielleicht Halt und Stabilität in einer Zeit gegeben, in der ein Mensch sich selber gesucht hat und sich an erster Stelle durch das soziale Umfeld und seine äußerliche Stellung definieren konnte. Dieser Sachverhalt ist ein Teil des kollektiven und somit auch des individuellen Bewusstseins, welches heutzutage – zumindest in den meisten westlichen Gesellschaften – zahlreiche Entfaltungsmöglichkeiten und somit eine nahezu unbegrenzte innere Freiheit für das eigene Wachstum bietet. Die fortschreitende Individualisierung gewinnt immer mehr Einfluss in der Gesellschaft und versucht, alte Denkmuster durch neue Inhalte zu ersetzen. Das Leben des Einzelnen, der sich einem neuen Bewusstsein öffnet, ist zunehmend nicht mehr durch das „ich brauche", sondern durch das „ich bin, ich lebe mich" definiert. Diese Verwandlung in der Vorstellung von Lebensmodellen manifestiert sich inzwischen auch in der Art und Weise, wie heute Beziehungen gelebt werden.

Es steht heute jedem aufmerksamen Menschen offen, ganz nach einem höheren Bewusstsein zu leben, in dem Einheit, Ausgeglichenheit und Erkenntnis eine führende Rolle spielen. Für eine Beziehung bedeutet dies, nicht nur zu „nehmen", sondern auch zu „geben". Es geht um gemeinsame Kreativität, um gegenseitige Räume und um inneres Wachstum. Die Angst verschwindet, dass man nicht zurückbekommt, was man investiert hat, oder worauf man ein „Anrecht zu haben" meint. Eine derartige lebendige Einheit in einer Beziehung stellt eine gänzlich andere Qualität dar als eine Bindung, in der die unausgesprochenen Ängste gerade dann zum Vorschein kommen, wenn man Klarheit für sich selbst sucht. Die Eifersucht verliert im Angesicht von Klarheit und Offenheit ihre besitzergreifende, aggressive Seite und kann sich so als eine konstruktive Möglichkeit zur Selbsterkenntnis für alle Betroffenen erweisen. Sie bietet dann sogar eine Chance für inneres Wachstum sowie für mehr Liebe und Freude im Leben.

Die Eifersucht verliert im Angesicht von Klarheit und Offenheit ihre besitzergreifende, aggressive Seite und kann sich so als eine konstruktive Möglichkeit zur Selbsterkenntnis für alle Betroffenen erweisen.

DIE EIGENEN
WERTVORSTELLUNGEN
ÜBERPRÜFEN

Vielleicht haben Sie schon selbst über die eigentlichen Werte in Ihrer Beziehung nachgedacht und versucht, für sich selbst eine „Hierarchie der Werte" zu erstellen. Dann mag auch Ihnen schon die Frage durch den Kopf gegangen sein: „Was bedeutet mir eigentlich Treue?" Wenn Sie sich diese Frage stellen, werden automatisch bestimmte Inhalte mit dem Wort „Treue" verbunden sein. Versuchen Sie, für sich selbst herauszufinden, wie Sie Treue definieren und welche ihrer Aspekte für Sie unverzichtbar sind.

Sie haben es vielleicht in Ihrem eigenen Umfeld schon hin und wieder erlebt, dass eine „brave Ehefrau" plötzlich eine unerwartete Dynamik und Lebensfreude entfaltet, ihren Mann und ihre Familie verlässt und in einem anderen Land ein völlig neues Leben mit ganz anderen Menschen anfängt. Oder ein „grundsolider Ehemann", der sein Leben zwischen Büro, Tennisclub und Familienleben verbrachte, lernt plötzlich eine andere Frau kennen, wirft seine ganze bisherige Existenz über den Haufen und beginnt eine Ausbildung als Heilpraktiker. Solche Beispiele geben einem doch zu denken. Oder sie sollten es zumindest!

Um sich nicht von Ihrem Partner (oder von sich selbst!) unangenehm überraschen zu lassen, sollten Sie vielleicht über einige der folgenden Fragen eine Weile nachdenken:

- Wie stehen Sie zur Treue? Was beinhaltet Treue als unverzichtbares Moment für Sie?

- Was bedeutet diese Vorstellung von Treue für Ihre Beziehung, Partnerschaft oder Ehe?

- Hängen Sie an bestimmten gesellschaftlichen Normen, die Sie unbedingt auch in Ihrem Privatleben umsetzen möchten?

- Sind Ihre inneren Wahrnehmungen, Ihre Gefühle und Ihre Intuition für Sie und für Ihre Vorstellung von Beziehung wichtiger als diese gesellschaftlichen Normen?

- Haben Sie die Kraft, über sich selbst zu bestimmen, oder lassen Sie es zu, dass andere über Sie bestimmen, weil Sie vielleicht von der Meinung der anderen abhängig sind?

- Wie weit sind Sie in Ihrem Denken und in Ihrem Handeln unabhängig von der Gesellschaft? Oder ist Unabhängigkeit an sich ein Problem für Sie?

- Haben Sie, falls Sie in Ihrer aktuellen Beziehung gerade mit dem Thema „Untreue" konfrontiert sind, schon darüber nachgedacht, was für eine Botschaft diese Situation Ihnen persönlich übermitteln will?

- Wo halten Sie noch an Denkmustern fest, die Jahrhunderte alt sind?

- Welche wichtigen Werte haben Sie in Ihrer Beziehung vernachlässigt? Welche schätzen Sie vielleicht völlig anders ein als Ihr Partner?

- Welche innere Erkenntnis haben Sie aus der „Untreue" Ihres Partners gewonnen?

3
DIE **EMANZIPATION**

Das Problem der Eifersucht lässt sich zweifelsfrei nicht als „historische Frage" einordnen, dennoch ist die Entfaltung der Selbstbestimmung von Frauen mittelbar in erheblichem Maße damit verbunden.

Seit Jahrtausenden wurden und werden Frauen in allen möglichen Kulturkreisen und unter den verschiedensten religiösen Gesellschaftsstrukturen unterdrückt. Dies drängt die Frage auf, ob es irgendeinen nachvollziehbaren Grund gibt, wodurch das Ungleichgewicht und die Disharmonie zwischen dem Männlichen und dem Weiblichen entstanden ist. Reden wir nur von der Biologie? Ist es der Muskelapparat, der uns vom „starken Geschlecht" sprechen lässt?

Wenn wir die Antwortversuche einmal zurückstellen, dann bleibt das Faktum, dass seit Menschengedenken die Polarität der Geschlechter nur in Ausnahmefällen zu kreativem Austausch geführt hat. In der Regel können wir von männlicher

> In der Regel können wir von männlicher Aggression und weiblicher Unterdrückung ausgehen.

Aggression und weiblicher Unterdrückung ausgehen. Dieser historische Sachverhalt findet natürlich seinen Widerhall in einem „kollektiven Feld". Die Psychologie spricht vom Kollektiven Unbewussten, lässt aber weitgehend eine tiefere spirituelle Dimension außer Acht. Wenn es ein geistiges Feld gibt, das von einer feinstofflichen Ebene aus wirkt, dann nimmt es Einfluss auf das Fühlen und Denken jedes Mannes und jeder Frau – und zwar ganz konkret!

Wenn eine sogenannte „heilige Schrift" die Frau eine Stufe unter den Mann stellt, dann bleibt ein solcher Impuls natürlich nicht ohne Wirkung.

Wenn, und hier nähern wir uns der Antwort auf die Frage nach dem „Warum", eine sogenannte „heilige Schrift" die Frau eine Stufe unter den Mann stellt, dann bleibt ein solcher Impuls natürlich nicht ohne Wirkung – in der Geschichte und im Leben jeder einzelnen Frau auch im 21. Jahrhundert. Sie muss nicht nur gegen männliche Dominanz ankämpfen, sondern sie muss auch noch eine pseudo-religiöse Legitimation überwinden. Dieser Prozess ist in manchen Gesellschaften schon viel weiter fortgeschritten als in anderen; aber es bleibt noch immer ein langer Weg.

Im emanzipatorischen Prozess der Gegenwart ist vor allem eines zu leisten: In den Männern ein Bewusstsein dafür zu wecken, dass die Unterdrückung der Frauen im gleichen Maße ihnen selber schadet! Wenn Frauen aus den wichtigen gesellschaftlichen Prozessen ausgeschlossen werden, fehlt diesen Gesellschaften ein ganz entscheidender inspirativer Impuls. Frauen auf die Mütter- und Partnerin-Rolle zu reduzieren, bedeutet eine Schwächung der schöpferischen Kräfte einer Gemeinschaft. Man könnte provokant fragen, wie viele Frauen schon eine Kriegserklärung unterzeichnet haben? Ohne in die Tiefen der Geschichte steigen zu wollen, drängt sich in jüngerer Zeit nur der Name von Mrs. Thatcher auf. Hat Aggression etwas mit dem fehlenden weiblichen Pol zu tun?

> **Frauen auf die Mütter- und Partnerin-Rolle zu reduzieren, bedeutet eine Schwächung der schöpferischen Kräfte einer Gemeinschaft.**

Dieser kleine historische Exkurs ist vielleicht notwendig, um die Rolle der Emanzipation und ihre Bedeutung für das Beziehungsverhalten von Frauen in der Gegenwart zu verstehen. Anfang des 20. Jahrhunderts durften die Frauen in Österreich erstmals wählen, in der Schweiz mussten sie länger warten. Welchen Einfluss mag das auf die weibliche Psyche in beiden Ländern gehabt haben?

Lange durften Frauen in Deutschland nicht arbeiten, ohne die Erlaubnis ihres Mannes einzuholen. Wie mögen sich diese Frauen gefühlt haben? Hatten sie irgendeine Chance, ein freies, selbstbestimmtes Leben zu führen?

Heute sieht die Situation in den meisten westlichen Gesellschaften ganz anders aus. Frauen arbeiten, verdienen ihr eigenes Geld, bestimmen gleichberechtigt mit in der Partnerwahl, haben das Recht, sich scheiden zu lassen und prägen das Leben auf allen Ebenen ganz entscheidend mit.

Erst seit Frauen finanziell unabhängig waren, konnten sie ernsthaft und aus freier Entscheidung darüber nachdenken, in ihrem Beziehungsleben etwas zu verändern. Sie konnten den einen Partner verlassen und sich einem anderen zuwenden. Ein gewaltiger Fortschritt für das weibliche Selbstbewusstsein – und zugleich ein entscheidender Einschnitt in das jahrtausendealte männliche Selbstverständnis. Es kann kein Zweifel daran bestehen, dass eine noch immer überwältigend große Zahl von Männern erhebliche Probleme mit diesem neuen weiblichen Selbstbewusstsein haben. Es ist ja auch unbestreitbar, dass es zu einer dramatischen Verschiebung des Kräfteverhältnisses zwischen Männern und Frauen gekommen ist.

> Erst seit Frauen finanziell unabhängig waren, konnten sie ernsthaft und aus freier Entscheidung darüber nachdenken, in ihrem Beziehungsleben etwas zu verändern.

Diffizil wird dieser Umbruch auch durch den Umstand, dass es in den meisten Fällen die Frauen selbst sind, die den Männern diesen gesellschaftlichen Wandel erklären und vorleben müssen. Das verläuft natürlich häufig nicht konfliktfrei. Eine Frau, die sich für einen anderen Partner entscheidet, hat nicht selten mit Drohungen zu kämpfen, die ihre Basis in einer anderen Epoche hatten. Auch die Männer untereinander haben noch längst nicht gelernt, in einen Dialog miteinander einzutreten, wenn sie mit dieser Situation einer neuen Partnerwahl konfrontiert sind. Für Männer scheint es psychologisch auf einer ganz anderen Ebene ein Problem zu sein, wenn „sie ihn verlassen hat". Da kommt ein uraltes Rollenverhalten zum Tragen und ein seltsamer „gekränkter männlicher Stolz".

Für Männer scheint es psychologisch auf einer ganz anderen Ebene ein Problem zu sein, wenn „sie ihn verlassen hat".

Blicken wir auf die Frauen, zeigen sich ganz andere Probleme. Wir haben es hier mit so etwas Eigenartigem wie „Emanzipationseifersucht" zu tun. Frauen blicken voller Neid – falls damit in einer Beziehungssituation konfrontiert – auf andere Frauen, die ihren eigenen, selbstbestimmten Weg gehen. Hier haben wir es mit einer der merkwürdigsten Abarten der Eifersucht zu tun. Der fehlende Mut, das eigene Leben tiefgreifend zu verändern oder sich vielleicht aus einer fremdbestimmten Situation zu befreien, führt bei einem Blick auf Frauen, die diesen Prozess bereits erfolgreich abgeschlossen haben, zu einem frustrierenden Vergleich. Man wäre gerne auch so wie jene, aber man müsste dazu radikale Schnitte einleiten. Manchmal führt das dann zu einer gewissen unsinnigen Abwertung dieser Frauen, nur um sich nicht der unbefriedigenden eigenen Situation stellen zu müssen. Selbstverständlich läuft das gleiche Spiel auf der Seite der Männer. Da lautet der klassische Satz etwa: „Du willst doch wohl nicht auch so werden wie die!?"

Man wundert sich, wie man eifersüchtig auf Befreiung und Selbstfindung sein kann. Weil man selber die eigenen Lebensumstände nicht aufkündigen möchte, ver-

Man wundert sich, wie man eifersüchtig auf Befreiung und Selbstfindung sein kann.

urteilt man diejenigen, die es tun. Es muss mit der Angst vor Veränderung zusammenhängen.

Emanzipation, das zeigen diese Beispiele, vollzieht sich also nicht nur auf einer äußeren Ebene, sondern vorrangig auf einer inneren. Eine Frau mag, rein äußerlich betrachtet, noch in einem Abhängigkeitsverhältnis stehen, hat sich aber innerlich längst befreit und lebt ein selbstbestimmtes Leben. Eine andere Frau mag äußerlich selbstständig und eigenständig sein, leidet aber innerlich noch immer unter alten Abhängigkeitsstrukturen und gerät dadurch immer wieder in Beziehungen, die ihr dieses ungeklärte Problem spiegeln. Es gibt keine simplen Antworten zu diesem Themenfeld. Jede Situation muss vor dem Hintergrund der jeweiligen Frau betrachtet werden.

Es mag an dieser Stelle verwundern, wenn darauf hingewiesen wird, dass Emanzipation auch zur Falle werden kann. Die bisherigen Ausführungen haben hoffentlich deutlich gemacht, dass der männliche und der weibliche Pol keine Antipoden sind, sondern viel zutreffender mit dem asiatischen Yin-Yang-Symbol umschrieben werden. Es geht um Harmonie und Inspiration, nicht um Kampf und Durchsetzungsvermögen. Emanzipation, Freiheit und Selbstbestimmung stehen in gar keiner Weise im Gegensatz zu Weiblichkeit!

Frauen sollten nicht „härtere und durchsetzungsfähigere Männer" werden, sondern sollten mit weiblicher Intelligenz und mit der Weisheit des Herzens führen. Allerdings wird die Auswahl möglicher Partner für diese

Frauen sollten mit weiblicher Intelligenz und mit der Weisheit des Herzens führen.

Frauen schwieriger, weil die Zahl der Männer, die diesen Prozess zumindest akzeptieren oder sogar fördern, noch immer relativ gering ist. Dies wird sich erst dann verbessern, wenn die Männer diese Prozesse der Frauen als Inspiration und Bereicherung empfinden.

Für die Frauen, die auch in diesem Fall die Frage stellen „Was hat sie, was ich nicht habe", lautet die Antwort ganz einfach: „Die Freiheit der Selbstbestimmung!" Ganz pragmatisch könnte man sagen: Je mehr Männer selbstbestimmte Frauen attraktiv finden, desto stärker wird die Motivation für die Frauen, diesen Prozess auch zu vollziehen. Das alte „Spiel der Geschlechter" wird auch mit einem neuen Bewusstsein nicht aufgehoben – nur die Spielregeln verändern sich!

> **Je mehr Männer selbstbestimmte Frauen attraktiv finden, desto stärker wird die Motivation für die Frauen, diesen Prozess auch zu vollziehen.**

Die große Herausforderung der Emanzipation besteht darin, aus dem anfänglichen Gegensatz, bedingt durch die Jahrtausende der Unterdrückung, auf einer höheren Ebene eine neue Harmonie zu gestalten. Die Frauen müssen nicht nur sich selbst befreien, sondern sie müssen auch noch die Männer in ihrem Prozess zu einer „neuen Männlichkeit" inspirieren. Es geht nicht um Wettstreit, um Kampf oder um

> **Die Frauen müssen nicht nur sich selbst befreien, sondern sie müssen auch noch die Männer in ihrem Prozess zu einer „neuen Männlichkeit" inspirieren.**

Macht. Es geht um eine neue Form der Polarität der Geschlechter. Am Ende dieses Prozesses wird eine Transformation aller Beteiligten stehen. Eine Verwandlung in eine neue Einheit, in der es um wahre Begegnung, um echte Berührung und um gegenseitige Inspiration geht.

DER DRITTE WEG AUS DER EIFERSUCHTSFALLE

IN DER **STILLE** SEINE EIGENE MITTE **SUCHEN**

Bei keinem anderen Thema ist der Weg aus der Eifersuchtsfalle eindeutiger zu beschreiben. Die Frage „Was hat sie, was ich nicht habe" ist in diesem Fall ausschließlich an den Mut zur Freiheit gerichtet. Eine Frau, die ihre eigene Unabhängigkeit und Selbstbestimmtheit verwirklicht hat, wird für jeden Partner attraktiv sein, der selbst diesen Prozess vollzogen hat oder gerade in diesem Prozess steckt. Es kann in diesem Fall keinerlei Lüge oder Selbsttäuschung geben, denn Freiheit ist zu offensichtlich sichtbar.

Wenn Sie den Schritt zur inneren Freiheit noch nicht gemacht haben, können Sie durch keine Vorspiegelung falscher Tatsachen von diesem Tatbestand ablenken. Daher ist der dritte Schritt aus der Eifersuchtsfalle vielleicht der schwierigste – es ist ein Schritt hin zu sich selbst. Es ist ein Schritt, bei dem Ihnen niemand zur Seite treten kann. Sie müssen ihn in der Stille ganz alleine gehen.

Mutige Frauen der Geschichte mögen Ihnen eine Inspiration schenken; aber Ihr eigener Weg ist einzigartig. Er formt sich erst, wenn Sie ihn beschreiten. Vertrauen Sie Ihrer inneren Kraft und gehen Sie los: Der Mutigen gehört die Welt!

4
VERLUSTANGST

Jeder wünscht sich, ein Gewinner zu sein, auf der sonnigen, leichteren Seite des Lebens zu stehen, weil bekanntlich: „The winner takes it all!" So tut man vieles im Leben, um die erwünschte Position zu erreichen und sie dann so lange wie möglich zu behalten. Was bleibt für den Verlierer? Enttäuschung, Trost oder eine neue Chance?

Jeder Tag zeigt, dass das Leben immer aus diesen beiden Seiten besteht. Man nimmt es wahr, wenn man ins Büro kommt, die Zeitung liest oder die Abendnachrichten anschaut. Befindet man sich selber allerdings in der Position des sogenannten „Verlierers", hat die Wahrheit ein anderes Gesicht. Beide Seiten – die des Verlierers und die des Gewinners – bilden jedoch eine Einheit. Deshalb erhält jeder Mensch im Verlauf eines Lebens Einblick in beide Seiten. Auf der Suche nach der Einheit sollte man die Rolle des Verlierers ernsthaft betrachten, da sie für ein ganzheitliches Leben entscheidend ist. Aus ganzheitlicher Sicht ist die Rolle des Verlierers genauso wichtig und wertvoll wie die Rolle des Gewinners. Das spricht zwar gegen das Gedankenmuster und die gesellschaftliche

Bewertung, die im Allgemeinen darin besteht, dass das Positive geschätzt und das Negative außer Acht gelassen wird, bleibt aber dennoch wahr. Im besten Fall versucht man, „das Negative" durch allerlei Schutz-Mechanismen und Schutz-Programme zu überwinden, damit man die Verlierer-Rolle nicht mehr übernehmen muss.

Ein Mensch, der sich leicht in der Verlierer-Rolle sieht, leidet in einer Beziehung oft unter Verlustangst. Man hat Angst, das zu verlieren, was einem wichtig ist, und von dem man glaubt, es zu besitzen oder ein Anrecht darauf zu haben – Liebe, Nähe, Anerkennung und vor allem Sicherheit. Aus dieser Angst heraus hält man an einer Beziehung fest, klammert sich um jeden Preis daran und unternimmt alles, um Einflüsse von außen zu vermeiden, damit die Beziehung nicht gefährdet wird. Am schlimmsten ist aus dieser Sicht natürlich der mögliche Einfluss eines „Dritten". Dieser Dritte muss gar nicht real existieren, schon allein der Gedanke genügt als ausreichende Legitimation für Verlustangst und die daraus entstehende Eifersucht.

> Ein Mensch, der sich leicht in der Verlierer-Rolle sieht, leidet in einer Beziehung oft unter Verlustangst.

Die amerikanische Psychotherapeutin Esther Perel hat dies zutreffend in ihrem Buch „Wild Life" ausgedrückt: „So bedroht uns das Gespenst des Betrugs von Anfang an. Wir wachsen mit ihm auf. Die isolierenden Umstände des modernen Lebens verstärken dieses Gefühl der Unsicherheit, das sich im Hintergrund unserer romantischen Besitzgier versteckt hält. Verlust- und Verlassensängste lassen uns in aller Zähigkeit am Konzept der Treue festhalten. In unserer als Wegwerfgesellschaft apostrophierten Kultur, die alles und jeden ersetzbar erscheinen lässt, ist unser Bedürfnis nach stabilen Beziehungsverhältnissen umso größer. Je kleiner wir uns in der Welt vorkommen, desto größer wollen wir vor dem Partner dastehen. Wir wollen bestätigt bekommen, dass wir zumindest für einen Menschen unersetzbar sind, und sehnen uns danach, aus dem Gefängnis unserer Einsamkeit befreit zu werden." [5]

In unserer Wegwerfgesellschaft, die alles und jeden ersetzbar erscheinen lässt, ist unser Bedürfnis nach stabilen Beziehungsverhältnissen umso größer.

DER VERLUST DES TRAUMMANNES

Eva lebte seit drei Jahren in einer neuen Beziehung. Sie war glücklich, in Marcell endlich den Mann gefunden zu haben, mit dem sie viele Gemeinsamkeiten hatte – Sport, Konzerte, Literatur. Er mochte sogar lange Spaziergänge mit intensiven Gesprächen. Alles schien stimmig und ausgeglichen zu sein, so als habe Eva sich nach langer Zeit innerlich selbst wiedergefunden in der neuen Partnerschaft. Es lief alles so, wie sie es sich immer gewünscht hatte.

An dieser Harmonie gab es aber einen Haken. Das neue Glück, welches Eva nach langer Zeit gefunden hatte, konnte sie nicht gänzlich auskosten, denn ihr „Gedanken-Karussell" drehte sich unaufhörlich: „Was würde passieren, wenn Marcell sie verließe?" Es lag kein realer Grund für diese Befürchtung vor, was ihr eigentlich durchaus bewusst war. Trotzdem existierten diese Gedanken und störten immer wieder ihre innere Ruhe. Sie schämte sich ab und zu innerlich dafür, dass sie so wenig Vertrauen in Marcell und ihre Beziehung hatte. Mit dem sich immer wieder drehenden Gedanken-Karussell war eine tiefsitzende Angst verbunden, die es ihr unmöglich machte, wirkliches Vertrauen aufzubauen. Dies war die reale Gefahr, gegen welche sie sich nicht zu erwehren wusste. Sobald sie von ihren Gedanken gefangen genommen wurde, suchte sie bei Marcell eine Bestätigung dafür, dass sie falsch lag. Sie wollte hören, dass so etwas nie passieren würde, weil sie alles für ihn bedeutete. In solchen Momenten war sie besonders lieb und achtsam ihm gegenüber, versuchte Nähe zu ihm aufzubauen, umarmte ihn und suchte seine Liebkosungen. Sie musste körperlich spüren, dass er wirklich da war. Schwierig wurde es immer dann, wenn Marcell nicht da war und ihre Gedanken sie quälten. Dann rief sie ihn sofort an oder schickte ihm eine SMS, stets ganz ungeduldig die Antwort erwartend, nur um sicher zu sein, dass er für sie da war.

Eva konnte dieses Spiel geschickt spielen. Marcell bekam nur wenig von ihrer Verlustangst mit, da Eva sie nach außen nicht deutlich zeigte. Innerlich unterlag sie dadurch aber einer noch größeren Qual. Der Höhepunkt dieser Seelenqual sowie ihrer innerer Zerrissenheit war erreicht, als Marcell auf einer zweitägigen Fortbildung weilte und am ersten Tag Evas Anrufe und Nachrichten unbeantwortet blieben. In dieser Phase eskalierte alles! Eva war in Panik, gerict in Wut und steigerte sich geradezu in einen hysterischen Zustand, als sie auch auf ihre SMS keine Antworten bekam. Marcell meldete sich am nächsten Morgen mit der einleuchtenden Entschuldigung, dass Anreise und Kurs anstrengend waren und er einfach todmüde eingeschlafen sei, als er nach dem Kurs ins Hotelzimmer gekommen war. Für Eva war aber schon alles zu spät. In ihrem Wutanfall hatte sie ihm vorgehalten, dass sie nicht wichtig genug für ihn sei, dass ihm sein Job und seine Interessen wichtiger wären und sie sich ganz sicher sei, dass er sie irgendwann für eine andere, jüngere, verlassen würde. Evas jahrelang unterdrückte Verlustangst kam unkontrolliert hoch und verursachte nun einen echten Schaden in ihrer Beziehung. Marcell konnte ihre Vorwürfe einfach nicht verstehen, und Eva schämte sich später sehr für ihr Verhalten. Es dauerte eine gewisse Zeit, bis zwischen den beiden die Leere, die aus Evas falschen Gedanken entstanden war, wieder mit Offenheit füreinander gefüllt werden konnte. Eva entschied sich aufgrund dieser negativen Erfahrung glücklicherweise dazu, ab sofort an ihrer Verlustangst zu arbeiten, diese nicht mehr zu unterdrücken und sich ihre Verhaltensmuster genau anzuschauen.

ANGST, SCHUTZ UND NÄHE

Eine frühere schmerzhafte Erfahrung, in welcher man sich verlassen fühlte oder in der man von geliebten Menschen im Stich gelassen wurde, führt häufig dazu, dass man später solche Situationen im Leben unbedingt vermeiden will. Nicht selten handelt es sich dabei um eine schmerzhafte Erfahrung aus der Kindheit. Um den noch stark präsenten Schmerz zu vermeiden, entwickelt man ein Verhaltensmuster, das mit Verlustangst erfüllt ist. Man versucht auf diese Weise, sich so gut wie möglich den Herausforderungen des Lebens zu stellen. Man handelt nicht wahrhaft aus sich und seiner inneren Liebe heraus, sondern reagiert aufgrund eines Schutz-Mechanismus, der Schmerz vermeiden soll. Von diesem glaubt man, er sei nützlich und richtig.

Eifersucht ist ein perfekter Spielplatz für Verlustängste.

Eifersucht ist ein perfekter Spielplatz für Verlustängste. Aus der Angst heraus, den Partner zu verlieren, entwickelt man verschiedene Strategien bezüglich des Besitzanspruchs gegenüber dem Partner. Dadurch glaubt man, die Angst in den Griff zu bekommen. Doch das Gegenteil ist der Fall. Weil diese Strategien auch auf Angst aufbauen, wird die Grundangst noch verstärkt.

Eine dieser Strategien ist die übertriebene Kontrolle des Partners, um sicherzugehen, dass zum Beispiel die neue, gut aussehende Arbeitskollegin, die sowieso nicht sein Frauen-Typ ist, eventuell noch die Liebe seines Lebens wird. Hier gibt es verschiedene Tricks und kleine Spielchen, die vielleicht im ersten Augenblick noch ganz unauffällig sind und als Beweis von Zuneigung wahrgenommen werden können. Aber irgendwann kommt dann doch der Moment, in dem der Partner bemerkt, dass etwas nicht stimmt. Die emotionale Abhängigkeit äußert sich durch die permanente Suche nach einer Zusicherung im Sinne von: „Du bist mein Ein und Alles und das für immer. Die einzige wichtige Frau in meinem Leben." Der Grund für dieses ängstliche Verhalten liegt darin, dass man sich selber nicht schätzt und sich nicht vertraut. Hungrig nach solchen permanenten Bestätigungen, egal wie peinlich sie oft auch sein mögen, spielt man dieses „Angst-Bestätigungs-Programm" ab.

Emotionale Abhängigkeit zeigt sich in vielen Facetten, unter anderem dadurch, dass man zu überwachen versucht, wem der Partner Zuneigung zeigt, mit wem er spricht und mit welcher Intensität. Besonders Frauen sind anfällig dafür, wenn der eigene Partner einer anderen Frau, zum Beispiel einer langjährigen Freundin oder einer zuverlässigen Kollegin, einen Hauch mehr an Sympathie oder Spontanität entgegenbringt. Da läuten alle Alarmglocken, und die Verlustangst meldet sich mit List und Tücke vehement zurück. Es muss sich dabei nicht unbedingt um etwas 'Wichtiges' handeln, um keinen heißen Flirt oder gar eine intime Affäre, trotzdem ist eine Instanz immer auf der Hut und beobachtet alles, was der Partner macht. Dabei handelt es sich nicht darum, zu wissen und zu verstehen, wie es dem Partner geht, sondern es dreht sich alles um die Angst, er könne ihr gleich viel Aufmerksamkeit wie einem selbst schenken. Statt von Liebe, muss man an dieser Stelle von Misstrauen sprechen.

Es ist nicht selten, dass sich der unter Angst leidende Partner innerhalb einer Partnerschaft eine Schutz-Autonomie aufbaut und sich so auf die Partnerschaft nicht wirklich einlässt. Das kann sich darin äußern, dass er

Nähe vermeidet und für offene Gespräche nicht zugänglich ist, weil die Verlustangst und der Schmerz untergründig wirksam sind. Diese Art von Distanzierung ist der perfekte Nährboden für das „Gedanken-Karussell", dessen Drehungen die Partner

Der unter Angst leidende Partner baut eine Schutz-Autonomie auf und lässt sich nicht auf die Partnerschaft ein.

voneinander entfernt. Dann fehlt nur noch ein kleiner Schritt, um den Partner zu verdächtigen, dass er lüge, und um ihm vorzuwerfen, er habe Trennungsgedanken. Auch wenn die Realität anders sein mag, verleiht das verirrte Denken der Realität den bitteren Beigeschmack einer Tragikomödie. Verlustangst verstellt vollständig den Blick auf die Wirklichkeit, in welcher eine Partnerschaft lebt.

Diese Schutz-Mechanismen, in denen die Angst im Vordergrund steht, obwohl man sie eigentlich überwinden will, haben mit Liebe gar nichts zu tun. Der Mensch möchte aber mit Hilfe dieser baufälligen Konstruktionen wieder

Verlustangst verstellt vollständig den Blick auf die Wirklichkeit, in welcher eine Partnerschaft lebt.

eine glückliche und liebevolle Beziehung aufbauen. Eine Seite im Menschen sehnt sich nach Liebe, Nähe und Geborgenheit, die andere Seite ist im Schutz-Mechanismus verstrickt und kämpft mit Verlustängsten. Es sind zwei Kräfte, die überhaupt nicht zusammenpassen. Man will Liebe leben, kontrolliert aber stattdessen und misstraut. Man will offen und spontan leben, zweifelt aber daran, dass die Beziehung von Bestand ist. Es ist ein kontraproduktives und destruktives Spiel, welches nur Frust mit sich bringt. Um noch mehr Liebe und Sicherheit vom Partner zu bekommen, begibt man sich in eine Abhängigkeit zu ihm und bringt immer deutlicher zum Ausdruck, dass der Partner einem alles bedeutet. Man selbst fühlt sich ohne den anderen nahezu wertlos. Ein Teufelskreis! Werden die Anforderungen an den Partner nicht erfüllt, melden sich bei dem Betroffenen sofort wieder die alte Enttäuschung und der verdrängte Schmerz. Man glaubt sogar, der Partner sei schuld daran, dass man wieder Schmerz empfindet, weil das Verhalten des Partners den Schmerz auslöst. Man erkennt nicht, dass man nur auf die eigenen Schutz-Mechanismen stößt, welche die Schmerzen verursachen. Man fügt sich immer selbst den Schmerz zu, nicht der Partner!

Man fügt sich immer selbst den Schmerz zu, nicht der Partner!

Derjenige, der unter Verlustangst leidet, wirft dem Partner zumeist etwas oft vor, was mit der Realität nichts zu tun hat. Die Gedanken, dass man betrogen werden könnte und der Partner einen sowieso verlassen würde, lassen ihn nicht los. Man verbeißt sich geradezu darin. Aus diesen Gedanken erschaffen die Betroffenen eine Realität, die in Wahrheit eine vollständige Illusion wird. Allerdings eine Illusion, die das Potenzial in sich trägt, sich aus sich selbst heraus zu manifestieren! Das ist das Absurde an Verlustängsten! Die Verlustangst eines Partners stellt den Partner in ein verdächtiges Licht, in das er gar nicht gehört! Kein Wunder, dass er diese Rolle nicht annimmt und eventuell auch zornig reagiert. Es wird ihm etwas unterstellt, was seinem Wesen nicht entspricht. Eine Unterstellung, die meilenweit von der Realität entfernt ist, im Kopf des einen Partners aber als solche erscheint. Das Paradoxe dabei ist, dass beide Partner bestätigen würden, dass sie die Liebe suchen und leben möchten. Sie bemerken aber gar nicht, dass sie alles gegen sie tun, da sie so stark in die Tragik mit der Verlustangst verwickelt sind. Die Frage, was eigentlich das Wesen ihrer Liebesbeziehung ausmacht, kommt ihnen gar nicht mehr in den Sinn. Die aufgebauten Muster und Mechanismen lassen diese entscheidende Frage nicht mehr zu.

MUT ZUR OFFENHEIT

Es ist wichtig, in einer Partnerschaft offen und ohne Vorurteile über Verlustängste zu sprechen. Es gibt keinen 'Schuldigen' für eine solche Situation. Weder derjenige, der Angst hat, noch derjenige, der damit nicht umgehen kann, ist an der Situation schuld. Es gibt nur eine gemeinsame Offenheit und Toleranz. Es gilt, sich gegenseitig in einer solchen Situation zu helfen. Jeder kann seinen Beitrag dazu leisten, damit eine Beziehung wieder ins Gleichgewicht kommt. Der unter Verlustangst Leidende sollte nach den Blockaden suchen, die Liebe und Glück im Weg stehen, und sich gleichzeitig nach den Ursachen fragen. Die Blockaden entstehen in einem selbst, der Partner ist nicht dafür verantwortlich oder zuständig. Der Partner spiegelt nur das, was man an sich selber nicht annehmen kann.

Der Partner spiegelt nur das, was man an sich selber nicht annehmen kann.

Verlustangst bindet ausschließlich an die Vergangenheit. Man möchte ein Problem in der Gegenwart lösen, doch anstelle der Kraft für die Gegenwartsbewältigung trifft man auf die Ohnmacht der Vergangenheit. Mit dieser alten Last versucht man dann die neue Situation zu meistern, was kaum gelingen kann. Wenn die Vergangenheit die Gegenwart beeinflusst, ist der Mensch nicht frei für eine Lösung, weil die alte Energie ihn immer noch bindet. Seine Gedanken kreisen wieder in den altbekannten Bahnen und verhindern dadurch, die Gegenwart aus einer anderen, erfrischenden oder auch heilenden Perspektive sehen zu können. Wenn das nicht im Bewusstsein des Betroffenen aufleuchtet und er es nicht schafft, einen gewissen Abstand zu sich und zu seinem Problem

Wenn die Vergangenheit die Gegenwart beeinflusst, ist der Mensch nicht frei für eine Lösung.

herzustellen, wird sich die Situation nicht verändern. Man bewegt sich in einem Teufelskreis, wodurch die Zweifel, ob das Problem der Verlustangst überhaupt lösbar ist, sich weiter verstärken. Manche gewöhnen sich auch mit der Zeit an dieses Problemfeld und glauben nicht mehr an eine mögliche Lösung. Für diese Menschen ist das Schicksal schuld daran, dass ihr Leben nicht harmonisch und glücklich verläuft. Dabei könnten sie schon längst auf der Seite der Gewinner stehen, wenn sie nicht in der Rolle der Verlierer verharren würden.

Doch wie gelangt man auf die Seite der Gewinner? Zwischen beiden Rollen gibt es eine Brücke: Sie heißt „Vertrauen und Offenheit". Diese Brücke erbaut sich dadurch, dass man nicht nur das eigene Selbstvertrauen stärkt, sondern auch dem Partner Verantwortung zugesteht. Einseitiges Vertrauen innerhalb einer Partnerschaft bildet noch keine Brücke. Das Vertrauen folgt aus der Erkenntnis heraus, welche Rolle man aus welchen Gründen spielt. Dieses Erkennen ist befreiend, gibt Halt, Orientierung und Kraft. Wenn man die Ursache für sein Angst-Verhalten erkennt und annimmt, entdeckt man in sich den starken Wunsch nach selbstloser Liebe und nach einer ausgewogenen Beziehung. Dann öffnet sich ein innerer Raum für Vertrauen. Verlustängste, Zweifel oder andere Unsicherheiten mögen zwar wieder auftreten, aber man begegnet ihnen auf der Basis des Vertrauens. Eine weitere Seite dieser Brücke namens Vertrauen und Offenheit besteht darin, sich selber und dem Partner im realen Leben Raum zu geben – und zwar nicht nur einen gemeinsamen. In diesem Freiraum kann jeder für sich die eigene Authentizität erleben. Es ist eine erfrischende Quelle, wenn man zu sich zurückkehrt und seinen innersten Wesenskern wieder wahrnimmt. Je mehr man in sich verankert ist, desto weniger muss man seine Aufmerksamkeit nach außen richten und kontrollieren, ob alles richtig oder nach dem gewohnten Muster verläuft. Man findet Sicherheit in sich selbst und muss sie nicht von außen heranzie-

Je mehr man in sich verankert ist, desto weniger muss man seine Aufmerksamkeit nach außen richten.

hen. Die innere Ruhe ermöglicht es, anders über sich zu denken. Da die Verlustangst an erster Stelle mit den eigenen Gedanken verbunden ist, ist es wichtig, sein Denken zu verändern, sein inneres Potenzial wahrzunehmen und es zu schätzen. In einem weiteren Schritt gilt es, auch die eigenen Schwächen klar zu betrachten, ohne zu bewerten, inwiefern sie falsch oder schlecht sind. Sie sind da und sind Teil des eigenen Seins. Es ist auch nicht die Aufgabe eines Partners, den Hunger des anderen nach Wertschätzung zu stillen: Dafür ist jeder selbst verantwortlich. Wenn man die eigenen blockierenden Gedanken verändert, gelangt man ganz natürlich zu innerer Zufriedenheit und Ausgeglichenheit. In einer solchen Begegnung mit dem eigenen Inneren wächst das Vertrauen in sich selbst sowie in das Leben – und die Angst schwindet jedes Mal ein wenig mehr.

> Wenn man die eigenen blockierenden Gedanken verändert, gelangt man ganz natürlich zu innerer Zufriedenheit und Ausgeglichenheit.

Daher ist es so wichtig, seine eigenen Interessen, unabhängig vom Partner, zu pflegen und zu entfalten. Gleiches gilt selbstverständlich auch für den Partner. Im Idealfall unterstützen sich beide in diesem Prozess. „Bei aller Gemeinsamkeit innerhalb einer Beziehung versäumen es viele Partner, sich auch um die Wahrnehmung der eigenen Bedürfnisse zu kümmern. Man will alles gemeinsam tun und versäumt darüber, in sein eigenes Inneres zu hören und die eigene Inspiration wahrzunehmen. Es ist sehr wichtig, sich auch einmal Zeit nur für sich zu nehmen. Es gibt viele Menschen, die dieses starke Bedürfnis in sich tragen, es aber nicht zum Ausdruck bringen, da sie Angst verspüren, den Partner zu verletzen. In einer liebevollen Beziehung jedoch sollten für beide Seiten solche Zeiten eingeräumt werden, wenn das Bedürfnis danach besteht. Gibt es Raum und Zeit für die eigene innere Suche nach Wahrheit, kann dies großen Nutzen für die Partnerschaft und für ein liebevolles Miteinander bringen. Vielleicht sollten die beruflichen Ausrichtungen geändert oder der Alltag umgestellt werden, was man als Information auf einer inneren Ebene vor allem dann empfangen kann, wenn man still wird und in sich hineinhört."[6]

Auf der Basis von Offenheit, Vertrauen und Freiheit wächst eine Partnerschaft.

Auf der Basis von Offenheit, Vertrauen und Freiheit wächst eine Partnerschaft. Sie entwickelt Liebe und wirkliches Verstehen und beschenkt dadurch jeden, der mit ihr in Verbindung steht, mit Freude und Harmonie.

SICH DEN EIGENEN ÄNGSTEN STELLEN

Die Entscheidung, anders mit Verlustangst umzugehen und sich mehr dem Vertrauen zu öffnen, ist ein wichtiger, mutiger Schritt und gleichzeitig ein Zeichen dafür, dass man nicht erneut in die Eifersuchtsfalle tappen möchte.

Beobachten Sie deswegen ganz genau, was Ihre Verlustangst auslöst. Welche Vorkommnisse sind besonders schwierig für Sie? Was bereitet Ihnen Probleme, diese anzunehmen? Wann fühlen sie sich bedroht von der äußeren Welt in Bezug auf Ihren Partner? Beobachten Sie dabei Ihre Gedanken und Ihre Gefühle. Notieren Sie sich diese Situationen und versuchen Sie, so präzise wie möglich Ihre aufkommenden Gedanken und Gefühle aufzuschreiben. Stellen Sie sich auch solche Fragen wie:

- „Warum gerate ich in Panik, wenn mein Partner sich nicht meldet?"

- „Warum ist mir seine Aufmerksamkeit so wichtig?"

- „Wie fühle ich mich, wenn er über eine andere Frau redet und sie attraktiv und klug findet?"

- „Wie finde ich es, wenn mein Partner sich mit seiner Ex-Frau/Freundin treffen möchte?"

- „Wie fühle ich mich dabei, wenn mein Partner mehr Zeit für sich benötigt und häufig allein sein möchte? Welche Gedankenmuster und Vorstellungen kreisen dann in meinem Kopf?"

Antworten Sie auf diese Fragen so ehrlich wie möglich. Die Antworten können Sie für sich behalten. Niemand wird Sie, wenn Sie das nicht wollen, lesen oder hören. Es ist sehr wichtig, dass Sie klar und ehrlich zu sich sind. Die Antworten, bei welchen sie wirklich Angst, Wut, Schmerz oder sogar Trauer empfinden, sollten Sie sich aufschreiben und paar Mal behutsam lesen. Wenn diese Gedanken aufgeschrieben sind, wirken sie nicht wie ein Gespenst in der Seele, sondern sind ihr „ Ansprech-Partner", mit dem Sie sich auseinandersetzen und durch den Sie Ihre Schwächen konkret anschauen können. Das Gespräch verläuft auf der Basis „das Ego und das wahre Ich". Alle Ihre Ängste, Ihre Wut oder Ihr Schmerz bilden Ihr Ego. Es ist dieses unerfüllte Ego, das haben, besitzen und alles unter Kontrolle halten möchte. Wenn es nicht so läuft, wie sich das Ego es vorstellt, ist es nicht zufrieden. Für Ihren weiteren Weg ist es von entscheidender Bedeutung, sich immer wieder den Unterschied zwischen Ihrem Ego und Ihrem eigentlichen geistig-seelischen Wesen deutlich zu machen.

Der andere Teil dieses inneren Dialoges ist das Gespräch mit Ihrem „wahren Ich", mit Ihrer Seele, die kein

Problem mit Verlustangst hat, weil es auf der seelischen Ebene nichts zu verlieren, sondern nur alles zu gewinnen gibt. Die Seele sieht die Schwächen des Egos, erkennt seine Wut und seinen Schmerz. Sie überwindet sie mühelos durch Liebe, Harmonie und Ausgeglichenheit, weil diese zu Ihnen gehören, Ihnen Kraft geben und ihr wahres Leben ausmachen.

Wenn Sie von Zeit zu Zeit mit ehrlicher Achtsamkeit die aufgeschriebenen Ängste und den empfundenen Schmerz anschauen, werden Sie deutlich spüren, dass die Wahrheit nicht in der Angst, sondern in der Liebe liegt. Vertrauen Sie dieser Liebe, sie ist die Grundlage allen Lebens. Jede Angst, jeder Schmerz zeigt Ihnen nur, wie weit Sie sich von dieser Liebe entfernt haben.

Seien sie genauso achtsam gegenüber Ihren Gedanken! Beobachten Sie, wie Sie über sich denken und wie Sie über sich selbst mit anderen sprechen. Wenn Sie ernstlich glauben, dass Sie ohne Ihren Partner weniger wert sind, wird das bald zu Ihrer inneren Wirklichkeit. Dabei versäumen Sie die Gelegenheit, Ihr Leben aus Ihrer wunderbaren inneren Kraft zu gestalten. Nebenbei bemerkt: Ihr Partner wird glücklicher sein, neben einer selbstbewussten und charmanten Frau zu stehen, als ständig Ihre Bedürfnisse nach Wertschätzung und Beachtung ausgleichen zu müssen.

Haben Sie vor allem bei diesem Themenkomplex Geduld mit sich! Kein Prozess, keine Veränderung vollzieht sich schnell. Jede Verwandlung erfordert ihre Zeit – und es ist wichtig, sich diese einzuräumen. Wie eine Rose Zeit und Pflege benötigt, bis sie wunderbar blüht und alle mit ihrer Schönheit und mit ihrem Duft bezaubert, so benötigt auch Ihre Seele Zeit, etwas anzunehmen, zu verstehen und als Erkenntnis in Ihre Persönlichkeit zu integrieren. Respektieren Sie die natürlichen Prozesse der Verwandlung. Ihre Seele entwickelt sich unter einem gänzlich anderen Zeitverständnis. Ihre Innenwelt ist das Kostbarste, was Ihnen zur Verfügung steht. Geben Sie sich genügend Zeit und Raum, um das Innere in die Außenwelt zu tragen. Schätzen und pflegen Sie diese Prozesse!

Wenn Sie den inneren „Schatz" in sich selbst entdecken, werden Sie in der Lage sein, ihn auch in anderen Menschen zu erkennen und wertzuschätzen. Ihr Partner trägt ebenfalls so einen Schatz in sich, geben Sie ihm auch genügend Raum und Zeit, diesen zu entdecken. Freuen Sie sich über jeden neuen Schritt mit ihm und für ihn. Die Freude ist das Einzige, was sich verdoppelt, wenn man sie mit anderen teilt!

Hinter allen Rollenspielen, hinter allen Herausforderungen des Lebens ist die Liebe versteckt. Sie will sich zeigen und sie will sich ausdrücken. Zuerst in Ihnen selbst!

5
GEFÄHRLICHES
VERGLEICHEN

„Ich will genau das, was sie hatte", so lautet der zum Klassiker gewordene Satz aus dem Film „Harry und Sally". Diese durch ihre berühmte „Restaurant-Szene" weltbekannt gewordene Liebeskomödie handelt von einem Paar, das viele Gespräche über Partnerschaft und Liebe zwischen Mann und Frau führt – erst als Studentenpaar, später als gute alte Freunde. Die legendäre Szene spielt sich dann in einem New Yorker Restaurant ab, wo Harry voller Überzeugung erzählt, dass ihm nie im Leben eine Frau einen Orgasmus vorzutäuschen vermöchte. Genau das jedoch macht Sally in diesem Moment ganz öffentlich, vor den Augen und Ohren aller Gäste und im Angesicht des total perplexen Harry. Eine ältere Dame am Nachbartisch begreift die Situation sofort und bittet die Bedienung ganz eindringlich um „genau das, was sie hatte".

Diese amüsante Filmepisode ist ein brillantes Beispiel für den Irrtum, dem man beim Vergleichen unterliegen kann; denn die scheinbar ekstatische Erfahrung hatte ja bekanntlich nichts mit dem von Sally bestellten Essen zu tun!

Der Film vermittelt auf charmante und humorvolle Weise, wie man einer Täuschung aufsitzen kann. Im realen Leben kann es ähnlich zugehen, wobei es für Außenstehende noch unterhaltsam sein kann, andere Paare zu beobachten und Vergleiche zu ziehen. Für die Betroffenen ist dies allerdings zumeist ein ernsthaftes Problem.

Was spielt sich in einem Menschen ab, der sich ständig mit anderen vergleicht? In der Psychologie spricht man von der „Suche nach Information über sich selbst durch das Vergleichen mit anderen". Menschen vergleichen immer – manchmal bewusst, häufig jedoch unbewusst. Wer ist schöner und klüger, was ist größer, besser oder billiger. Was war gestern besser und ist heute schlechter, was fiel einem leichter, als man jünger war, funktioniert aber nicht mehr, wenn man älter ist. Der Mensch vergleicht sich durch Taten, durch Besitz oder durch Fähigkeiten. Vergleiche zu ziehen, ist auf vielen Feldern ein ganz normaler Teil des gesellschaftlichen Daseins. Jeder schaut genau auf andere und vergleicht: Wer ist schneller, besser, reicher, effektiver oder sogar glücklicher als man selber. Wer hat mehr „Freunde" bei Facebook, mehr Follower bei Twitter oder benimmt sich peinlicher als andere bei irgendwelchen TV-Casting-Shows. Es geht dabei weniger um ein ernsthaftes Überprüfen der eigenen Persönlichkeit, als vielmehr um ein simples Gegenüberstellen äußerer Kleinlichkeiten.

Das Vergleichen filtert Informationen und unterlegt sie einer bestimmten Werteskala – schlecht, gut, unattraktiv, uninteressant, lustig, langweilig oder sexy. Mit dieser Simplifizierung behelfen sich viele Menschen, um sich in einer ständig komplexer werdenden Welt zu orientieren.

Die große Gefahr besteht darin, dass man durch das Vergleichen manipulierbar wird, da man immer nur nach Äußerlichkeiten schaut. Das gilt für den Bereich des Marketings genauso wie für zwischenmenschliche Beziehungen. Durch ersteres ist man den großen Konzernen ausgeliefert, die durch die Vergleiche von Preis, Leistung und Qualität Kunden für ihre Geschäfte finden wollen und Vorteile versprechen, welche oft gar nicht real sind, aber geschickt vorgetäuscht werden. Man spricht in Werbekreisen daher gerne vom „Konkurrenz-Spiel". Es geht ausschließlich darum, besser zu sein als der andere.

Wobei dieses „Besser" natürlich auch ausschließlich von äußeren Werten bestimmt wird. Es ist ein ewiges Wettbewerbsspiel, durch welches nur die überall vorhandene Gier gestillt werden soll. Es steht allein die Sättigung des Egos im Mittelpunkt!

Es steht allein die Sättigung des Egos im Mittelpunkt!

Was in der Welt der Produkte und Angebote noch ein Gesellschaftsspiel sein mag, wird zum ernsthaften Problem, wenn es sich auch auf die zwischenmenschlichen Beziehungen erstreckt, die bei denselben psychologischen Grundstrukturen natürlich vom Vergleichen nicht verschont bleiben. Die Suche nach Antworten auf die Fragen: „Was will ich eigentlich für mich? Was ist mir wichtig?", führt daher in der Regel sofort zu einem Vergleich zwischen dem, was man ist und was man hat, und dem, was man vielleicht einmal hatte oder was man in Zukunft gern hätte.

Es erweist sich als verhängnisvoll, sucht man für eine innere Orientierung die Information in der äußeren Welt. Zumeist beginnt es damit, dass der aktuelle Partner, zumindest in Teilbereichen, nicht genau den Vorstellungen entspricht, die man sich gerade macht. Er „liefert" nicht das, was man momentan für sich erwünscht. Das Spiel fängt dann mit einem kleinen Vergleich zwischen dem inneren Bedarf und dem äußeren Angebot an.

Der Alltag bietet zahllose Beispiele für „Vergleichs-Situationen": Eine Frau, die lange allein gelebt hat, schließt schnell eine Beziehung mit einem Mann, weil sie unter einem „Mangel an Nähe" leidet. Um diesen Mangel zu beseitigen, stürzt sie sich in diese neue Bindung, auch um den Preis, dass diese Beziehung, bei ruhiger Betrachtung, keine Perspektive bietet. Für sie ist die fehlende Nähe ein so schmerzhaft empfundenes Defizit, dass sie zu seiner Beseitigung auch bereit ist, sich mit einer kurzen Affäre zufriedenzugeben. Es geht ihr ausschließlich darum, ihren Bedarf nach Nähe zu decken.

Es ist erschreckend zu beobachten, welche furchtbaren Kompromisse Menschen eingehen, um einen inneren Mangel auszugleichen oder Bedürfnisse zu stillen, die als unverzichtbar angesehen werden. Manchmal geht es auch nur darum, eine gähnende innere Leere zu füllen. Frauen wie Männer lassen sich auf solche Begegnungen ein, ohne zu bemerken, dass sie in der „Mangel-Falle" stecken. Diese Tragödie der inneren Defizite spielt sich zuerst auf einer inneren Ebene ab, auf welcher man eine gewisse Leere empfindet. Diese Leere versucht man im Äußeren – zumeist durch eine neue Beziehung – zu füllen. Man ist ja zutiefst davon überzeugt, dass die Erfüllung ausschließlich von außen kommen muss: „Beim nächsten Mann wird alles besser!"

Kommt die Eifersucht ins Spiel, wird das Problem mit dem Vergleichen noch dramatischer: Jetzt vergleicht man nicht mehr die eigenen inneren Bedürfnisse mit den Möglichkeiten, die einem das Leben so bietet, sondern man vergleicht sich selbst mit anderen. Vor allem mit der 'Konkurrenz'!

Dieser Prozess kann schnell selbstzerstörerische Züge annehmen, wenn die Selbstzweifel überhand nehmen oder das eigene Selbstwertgefühl verloren geht. Wie beim Einkaufen, wo man zwei Produkte konkurrierender Firmen vergleicht, vergleicht man die eigene Person mit einer anderen, einer Außenstehenden. Absichtlich wurde hier das Wort „Außenstehende" gewählt, da man diese Person nur von außen sieht und bewertet, aber in den allermeisten Fällen nicht ihr wirkliches Dasein kennt und versteht. Es ist die erste Absurdität des Vergleichens – sich selber in einen Rahmen zu zwängen, der durch selten objektive Vorstellungen von anderen Menschen abgesteckt wird. Wenn eine Frau behauptet, dass ihre Kollegin schönere Haare hat als sie, dann erachtet sie sich, zumindest was diesen Aspekt anbelangt, als geringer, weil sie nur auf das scheinbar bessere Äußere schaut, da ihr der wahre eigene

> **Es ist die erste Absurdität des Vergleichens – sich selber in einen Rahmen zu zwängen, der durch selten objektive Vorstellungen von anderen Menschen abgesteckt wird.**

Wert offensichtlich nicht bewusst ist. Wie kann sie dann ihr Selbstbewusstsein aufbauen, wenn sie sich selber nicht bewusst ist? Das ist die zweite Absurdität beim Vergleichen – man macht sich zwar anscheinend bewusst, was der andere für positive Züge oder Eigenschaften hat, aber man ist sich nicht wirklich bewusst darüber, wer man selber ist. Das gilt sowohl für die Überbewertung als auch für die Unterschätzung. Entweder sieht man nur das Gute oder nur das Schlechte am Anderen – in beiden Fällen entspricht es nicht der Realität. Die Realität bleibt, wie bei der Verlustangst, vernebelt.

Die Ehefrauen vergleichen sich mit potenziellen (oder realen) Liebhaberinnen meistens über das Aussehen. Jede richtet ihren Blick genau dorthin, wo sie – bewusst oder unbewusst – einen Mangel empfindet. Die „Andere" ist attraktiver, sportlicher, intelligenter, erfolgreicher oder was auch immer. Das löst dann die seltsamsten Verhaltensweisen aus – innere wie äußere.

Es kommt gar nicht so selten vor, dass eine Ehefrau, die eine andere Beziehung ihres Mannes entdeckt, zuerst einmal versucht, mit allen Mitteln Informationen über diese Frau herauszufinden – sowohl in der digitalen Welt, etwa bei Facebook, als auch im realen Leben. Sie will wissen, was die Andere hat, was an ihr so interessant ist. Das Gleiche gilt auch für Männer, obwohl diese sich anscheinend nicht mit so vielen Details wie Frauen beschäftigen. Sie versuchen „cool" zu bleiben, um gelegentlich klarzustellen, dass die andere Beziehung oder Affäre nie gut gehen kann und zweifellos weniger wert ist als die schon existierende Verbindung. Solche Situationen boten auch immer wieder gute Stoffe für Filme oder Bücher, mal humorvoll, mal traurig verarbeitet. Sie sind das klassische Beispiel für das Vergleichen im Zustand der Eifersucht.

Frauen sehen die größte Herausforderung hinsichtlich ihres physisches Aussehens und der daraus resultierenden größeren Attraktivität ihrer „Rivalin" für ihren Partner. Männer definieren sich im Vergleich vorrangig über ihr gesellschaftliches Ansehen und die damit möglicherweise verbundene Macht. Welches auch immer die äußeren Gründe sein mögen, sie rücken das Vergleichen oft in ein dramatisches Licht. Es geht nicht nur um das, was der andere hat, sondern auch um das, was der andere einem aufgrund des „besseren Angebotes" wegnimmt. Eine schöne

Es geht nicht nur um das, was der andere hat, sondern auch um das, was der andere einem aufgrund des „besseren Angebotes" wegnimmt.

Liebhaberin stiehlt einer Ehefrau die Leidenschaft ihres Mannes; ein charmanter Liebhaber raubt dem Ehemann die Begeisterung und Lebensfreude seiner Frau. Es geht auf alle Fälle um „Diebstahl". Der/die Andere nimmt sich etwas, was einem ganz persönlich „gehört". Offen bleibt dabei allerdings die Frage, ob Leidenschaft, Begeisterung und Lebensfreude überhaupt noch in der Beziehung existierten, bevor „der Dritte" die Bühne des Lebens betrat. Welcher der Akteure in einem derartigen Drama stellt sich überhaupt eine solche Frage oder sucht gar eine ehrliche Antwort darauf? Wahrscheinlich keiner, weil jeder nur mit dem Thema „Verlust" oder „Gewinn" beschäftigt ist und eifrig nach Antworten auf die Frage sucht: „Was hat sie, was ich nicht habe?"

Antworten zu finden, um aus dem Drama eine kreative, das Leben fördernde Lösung zu entwickeln, beansprucht viel Zeit und Energie, da die Projektionsflächen nahezu unendlich groß sind. Die Gedanken und Gefühle können sich hier regelrecht austoben!

Weil viele nicht bereit sind für ein offenes, aber vielleicht schwieriges, weil schmerzhaftes Gespräch ohne Schuldzuweisungen, bleibt nur Platz für Missverständnisse, Zorn, Wut, Angst, Trauer und Schmerz. In einem Wort – für hemmungslose Eifersucht. Sie bahnt sich ihren Weg, verwurzelt sich hartnäckig im Kopf und im Bauch. Durch ihren permanenten Druck beansprucht sie das Herz – physisch wie geistig – und lässt Missverständnisse und Schmerz weiter anwachsen. Dies setzt sich so lange fort, bis man plötzlich „Stopp" sagt und sich fragt: „Was für eine Rolle spiele ich in diesem emotionalen Zirkus eigentlich?"

Unterbricht man nicht durch ein inneres Erwachen diesen emotional-mentalen Teufelskreis, wird man durch alle Schattenseiten und Abgründe seiner Seele getrieben. Schuldzuweisungen gegenüber dem eigenen Partner sind dabei nicht im Geringsten hilfreich, um dieses Chaos zu beenden. Das ist die dritte Absurdität des Vergleichens im Zustand der Eifersucht – dem Partner Schuld zu geben für Handlungen und Reaktionen, für welche man ausschließlich selber verantwortlich ist! Es ist von grundlegender Bedeutung, sich im Bereich zwischenmenschlicher Beziehungen von Schuldzuweisungen zu lösen. Weder der eine noch der andere trägt „Schuld" an der Situation!

Das innere Leben einer Beziehung durchläuft viele Phasen und Entwicklungen. Es wäre außerordentlich hilfreich, wenn BEIDE Partner wach, offen und dialogbereit durch diese kritischen Phasen einer Beziehung gingen. Es geht darum, im Austausch zu bleiben über die eigenen Empfindungen, Gefühle und Wahrnehmungen. Dadurch wächst die Basis des Vertrauens, und man geht mit äußeren Einflüssen anders um, als wenn eine Partnerschaft nur auf einer formalen Zusammengehörigkeit gegründet ist. Wenn das innere Leben des Partners dem anderen fremd ist und man erst erwacht, wenn neue äußere Einflüsse die Macht in dem sowieso sehr engen inneren Raum der Beziehung übernehmen, dann kann man auch das wenige Gemeinsame nicht mehr schützen. An dieser Stelle ist das Erwachen wirklich schmerzhaft, denn man fühlt sich tatsächlich betrogen und getäuscht. Aber im eigentlich Sinne des Wortes hat man sich selber enttäuscht, durch zu wenig Achtsamkeit gegenüber sich selbst und der eigenen Beziehung. Ent-täuscht kann man nur werden, wenn man sich zuvor ge-täuscht hat! Diese schmerzhafte Erkenntnis kann sich aber als ein wichtiger Punkt erweisen, um zu verstehen, dass eine Partnerschaft nicht nur darin besteht, eine

> Es ist von grundlegender Bedeutung, sich von Schuldzuweisungen zu lösen.

> Ent-täuscht kann man nur werden, wenn man sich zuvor ge-täuscht hat!

Form des Zusammenlebens zu praktizieren, um nicht allein zu sein, sondern eine viel tiefere Dimension in sich trägt. Es geht nicht um „brauchen", sondern es geht um „vertrauen" und – in letzter Konsequenz – um „lieben". Dies ist ein Prozess mit Höhen und Tiefen. Ein Prozess, in welchem sich beide Partner erst selber entdecken müssen, um dann weiter miteinander wachsen zu können. Wenn dieses „Miteinander" aber nicht da ist und sich jeder in eine andere Richtung entwickelt, ist nicht selten der äußere Einfluss eines Dritten von großer Bedeutung für eine Partnerschaft. Es ist schade, dass dieser Impuls im realen Leben oft als Rivalität oder Konkurrenz wahrgenommen und durch Vergleichen zerstört wird. Dann wird es schwierig für alle Beteiligten, einen objektiven Blick auf die Situation zu finden, da für den einen der Dritte wichtig für sein momentanes Leben ist, für den anderen dagegen eine Gefahr darstellt und als Bedrohung empfunden wird. So wird leicht der Funke der Eifersucht entfacht, und ein Konflikt ist nicht mehr zu vermeiden.

Trotzdem kann eine Partnerschaft nicht hundertprozentig den Bedarf beider Beteiligter decken.

Warum ist der Dritte gleichzeitig so wichtig und so gefährlich? Für den einen spiegelt er die Werte, die er in der Partnerschaft nicht ausleben kann, da diese eine andere Qualität bietet, die auch ihren Platz und ihre Wichtigkeit hat. Trotzdem kann eine Partnerschaft in den meisten Fällen nicht hundertprozentig den Bedarf beider Beteiligter decken – das ist eine seit Jahren weit verbreitete Illusion, der Menschen immer noch nachlaufen. Der

Dritte bietet also einem Partner etwas, was für ihn wichtig ist, wodurch er etwas Neues über sich erfahren und neue Aspekte des Lebens kennenlernen kann. Natürlich bleibt auch dieser Partner, der auf der „Haben-Seite" steht, von Vergleichen nicht verschont. Unweigerlich führt die neue Beziehung zum Nachdenken über das, was man hat und kennt, und über das, was der Neue zu bieten hat.

Im Prinzip holt man sich von einem neuen Partner das, was einem selber fehlt, zumeist ohne zu bemerken, dass die innere Leere sich nur kurzfristig von außen füllen lässt, die wahre Einheit und Erfüllung dadurch aber nicht zu erreichen ist. Trotzdem stellt das ganze Geschehen eine wichtige Erfahrung dar, in der man vieles über sich, über die eigenen Bedürfnisse und über die eigene Liebesfähigkeit lernen kann. Es bietet die Möglichkeit, sich innerlich anzuschauen, woran man noch festhält, welche Wünsche noch nicht erfüllt sind und was man innerlich noch vermisst. Die Ehrlichkeit gegenüber sich selbst hilft, das eigene Ego besser zu verstehen und sich mehr der wahren Liebe zu öffnen, die weder Vergleich noch Bewertung kennt.

Einen anderen Erkenntnis-Prozess durchlebt der Partner, der sich durch den Dritten bedroht fühlt, denn er steht auf der sogenannten „Soll-Seite". Ihm bleibt keine andere Wahl, als mit der für ihn unerfreulichen Situation zurechtzukommen. Es ist dadurch sehr schwierig für ihn, das Vergleichen los-

> **Die Ehrlichkeit gegenüber sich selbst hilft, das eigene Ego besser zu verstehen und sich mehr der wahren Liebe zu öffnen, die weder Vergleich noch Bewertung kennt.**

zulassen, da es ihm vollkommen natürlich erscheint, zu fragen: „Was hat sie/er, was ich nicht habe?" Das Vergleichs-Spiel wird an dieser Stelle vollkommen ausgelebt. Dabei spielt man eine Opfer- oder eine Besserwisser-Rolle. Welche dieser beiden Rollen man spielt, hängt vom Selbstbewusstsein des Betroffenen ab. Man kann schon ahnen, wo die Brennpunkte liegen werden.

Der Partner, der eine Opfer-Rolle annimmt, zeigt mangelndes oder gar kein Selbstbewusstsein. Die Rivalin/der Rivale wird in seinen Augen überschätzt, und der Betroffene versucht in seinem Opfer-Zustand, zumindest ein wenig Zuneigung oder Bewunderung von der Umgebung zu bekommen, um sich in der schwierigen Situation Unterstützung, Verständnis und Anerkennung zu holen. Er ist überzeugt davon, ein legitimes Recht darauf zu haben, eifersüchtig zu sein – denn schließlich leidet er ja! In solchen Situationen kann es zu den unglaublichsten Bündnissen kommen. Das kann im Extremfall dazu führen, dass der „Schuldige" mit Anrufen bombardiert oder in Gebetskreisen (!) für seine „Umkehr" gebetet wird. Es gibt wohl keine Situation, die bei extremer Eifersucht nicht vorstellbar ist.

Das eigentliche Problem ist durch Unterstützung von außen natürlich nicht lösbar, diese vertieft häufig nur den Schmerz. Der Schlüssel liegt ausschließlich in einem nüchternen Blick auf die Situation und – auf sich selbst! Die Frage: „Was will mir diese Situation zeigen, was habe ich noch nicht erkannt?", kann den Teufelskreis von Schmerz, Wut, Trauer und Opfer-Haltung durchbrechen und eine andere, möglicherweise klare Sicht auf die Situation schenken.

Der Partner, der die Rolle eines Besserwissers spielt, sieht die Konkurrenz als eine Möglichkeit, seine Macht und Kraft zu verstärken. Mit jedem Schritt und mit jeder Tat will er zeigen, wozu er fähig ist, damit der Dritte im Vergleich mit ihm „keine Chance" hat. Er vergleicht sich nicht mit Worten, sondern mit Taten. Er hält den Dritten sowieso für unfähig und unterschätzt ihn vollkommen. Es ist nicht selten, dass er durch den Dritten den Anstoß dazu erhält, das zu machen, was er noch nie im Leben ausprobiert hat. Es kann zu vielen erheiternden Situationen führen, wenn der Betroffene zeigen will, dass er auf jeden Fall besser als die „Konkurrenz" ist. Er mutet sich oft mehr zu, als er schaffen kann. Ein solcher Konkurrenz-Kampf kann plötzlich für alle Beteiligten auch ein Moment des Erwachens sein, wenn er nicht zu der Rache am Partner oder am Dritten führt. In diesem extremen Fall kann das Ergebnis sehr schmerzhaft werden und viele unangenehme Konsequenzen nach sich ziehen.

Vom Vergleichen bleibt allerdings auch „der Dritte" nicht verschont, da er im Prinzip die Rolle des Rivalen mitspielt, wenngleich mit anderem Inhalt und Ziel. Er kann sich aber auch als Opfer oder Besserwisser fühlen oder als der „ewig Wartende", mal die eine, mal die andere Rolle übernehmend.

Es ist für die inneren Prozesse nicht entscheidend, in welcher Position man steht, denn das Vergleichen liefert immer nur die fehlenden Kenntnisse über einen selbst. NUR wenn ein Mensch nach innen geht, versteht er, was sich wirklich hinter solchen Gefühlen und Ereignissen wie Eifersucht, Betrug, Seitensprung und einer neuen Bezie-

hung verbirgt, wenn hier diese überholten Begriffe noch
einmal Erwähnung finden sollen. Es geht nie um etwas
Schlechtes bei solchen Situationen, es
geht immer um das Erkennen! Durch
das Erkennen kann man zu sich selber finden und sich und seine Situation verstehen. Eine Beziehung und vor
allem die Krise in einer Beziehung liefert für dieses geistige Wachstum eine
vollkommene Grundlage. Sie spiegelt
nur das, was in einem Menschen vor-
geht. Sie spiegelt seine Wünsche, sein
Potenzial, seine Stärken, aber auch
seine Schwächen. Eine Beziehung ist ein Spiegelbild für
die suchende Seele, damit ein Mensch zu wirklicher Liebe
und bleibender Freude findet. Achtsam zu sein und ohne
Urteil hinzuschauen und zu beobachten, was für ein Sinn
hinter allem Geschehen steckt, bedeutet, sein Leben als
wertvoll zu betrachten und sich selber als liebenswert zu
schätzen.

**Eine Beziehung
ist ein Spiegelbild
für die suchen-
de Seele, damit
ein Mensch zu
wirklicher Liebe
und bleibender
Freude findet.**

EIN NEUES INNERES
GLEICHGEWICHT FINDEN

In unserer schnelllebigen Gesellschaft ist das Vergleichen ganz alltäglich, da es eine Hilfe bietet, sich angesichts der vielfältigen Möglichkeiten und Angebote zu orientieren. Man vergleicht und versucht dadurch, das Beste oder gar Optimale für sich zu finden. Diese Vorgehensweise funktioniert durchaus, solange es um Produkte geht, da ein Produkt einem bestimmten Zweck dient und dem Menschen das Leben leichter machen soll. Es gilt aber nicht für das Vergleichen in Beziehungen. Dort führt es zu Spannungen, weil der eine das hat, was dem anderen fehlt, oder der eine gerne mehr zeigt, als er hat, allein um Neid bei anderen zu wecken. Es zeigt sich dabei immer ein Ungleichgewicht, da ein Mensch prinzipiell nur selten damit zufrieden ist, was er selber hat, wie es ihm geht oder wie er sein Leben gestaltet. Deswegen vergleicht er sich!

Es ist kein Zufall, wenn ein Dritter in eine Partnerschaft eintritt. Falls Sie selbst in einer solchen Situation stecken, fragen Sie sich, anstatt Wut und Zorn in sich aufkommen zu lassen, was diese Situation innerlich mit Ihnen zu tun hat. Wo halten Sie noch fest und möchten sich nicht öffnen?

Um aus der Eifersuchts- und Vergleichs-Falle herauszukommen, ist es wichtig, sich einen eigenen Raum zu schaffen – sowohl im Inneren als auch im Äußeren.

Im Inneren geht es um eine bewusste Arbeit an Ihrem Selbstwertgefühl. Es gibt dazu zahlreiche Methoden und viele verschiedene Programme. Zunächst jedoch geht es darum, für sich herauszufinden, welche Blockaden Sie hemmen. Es geht darum, positiv über sich zu denken und Ihren inneren Fähigkeiten, das Leben meistern zu können, zu vertrauen.

Im Äußeren geht es um das Pflegen Ihrer Interessen und Ihres eigenen Freundeskreises – unabhängig von Ihrem Partner. Mit Ihrem Partner können Sie auch weiterhin gemeinsame Interessen teilen, doch sollten Sie auch über IHREN Raum verfügen und diesen gut pflegen. Es ist sehr wichtig für Ihr Selbstbewusstsein und für Ihr Selbstwertgefühl, zu erkennen, wie andere Sie wahrnehmen. Gute Freunde geben Ihnen immer wieder die Chance, sich selber neu zu erleben und zu erfahren. Eine gute Freundschaft hilft dabei, aus den eigenen Mustern auszubrechen und das Leben mit offenen Augen wahrzunehmen. Als der Verleger Ernst Klett einmal seinen Freund Herbert Fritsche fragte, wie er Freundschaft definieren würde, erwiderte dieser: „Ehrlichkeit bis auf die Knochen!"

Vermeiden Sie aber, vor Ihren Freunden immer über den Dritten zu sprechen und diesen dabei ständig mit Ihrem eigentlichen Partner zu vergleichen! Vermeiden Sie alle Analysen, die ohnehin nur selten der Realität entsprechen und Sie nur im gleichen Kreislauf von Gefühlen und Gedanken binden. Sprechen Sie lieber über Ihre Pläne,

Ideen und Einsichten, denn dies stärkt Ihr Selbstbewusstsein und schenkt Ihnen mehr Sicherheit.

Je mehr Sie nach innen lauschen, desto mehr entdecken Sie Ihre wahren Wünsche. Gehen Sie einem davon nach und fokussieren Sie Ihre Kraft darauf, sich diesen Wunsch zu erfüllen, anstatt sich immer mit anderen zu vergleichen.

Versuchen Sie, einen Tag lang positiv über sich selbst zu sprechen. Nehmen Sie achtsam an, was der Tag Ihnen bringt. Dies kann ein lustiges kleines Spiel mit Ihrem Ego werden. Dabei kann man viel entdecken und auch beobachten, wie unachtsam man in vielen Momenten sich selbst gegenüber ist.

Machen Sie sich stets bewusst, dass das Leben NIE ohne einen Sinn ist! Das Leben bringt Sie nie mit etwas in Kontakt, das Sie nicht meistern können. Haben Sie Geduld mit dem Prozess, diesen Sinn in Ihrem Leben zu entdecken und zu erkennen!

Dieser SINN stellt einen kostbaren Wert für sich selbst da. Er ist einzigartig und daher vollständig gelöst von allem Vergleichen. In der Entdeckung Ihres inneren Lebenssinnes liegt der Ausweg aus der fünften Eifersuchtsfalle. Vergleichen ist eine Form von Gewalt – sich selbst und anderen gegenüber. Lösen Sie sich davon, um selber glücklich zu werden und dieses Glück an jene Menschen weiterzugeben, die Ihnen wichtig sind!

6

SEX

Als das österreichische Kunsthaus Belvedere die Jubiläumsausstellung für Gustav Klimt organisierte, stand auf einem Werbe-Poster mit einem seiner Bilder der Satz: „The world's most famous kiss." Das Bild „Der Kuss" begeistert seit mehr als hundert Jahren die Menschen auf der ganzen Welt. Es steht als Symbol für die Begegnung und Berührung zwischen dem Männlichen und dem Weiblichen. Es offenbart die Nähe, Intimität und Leidenschaft zwischen zwei Kräften auf eine sehr feine, elegante Form. Das Männliche trifft das Weibliche, das Gebende und das Nehmende, eingerahmt in Gold, in jene Farbe, die das höhere Göttliche, das jeder Mann und jede Frau in sich trägt, symbolisieren soll. Ein Kuss, der eine innere Einheit zum Ausdruck bringt. Zärtlichkeit, Leidenschaft und Sinnlichkeit treffen zusammen, für einen kurzen Augenblick, für einen Moment, der Ewigkeit zu offenbaren scheint.

Gustav Klimt hat dieses Bild in einer Zeit gemalt (1908-1909), in der sich die Welt allmählich von den bürgerlichen Vorstellungen über die Ehe und von Eheschließungen aus Vernunft zu verabschieden schien. Man brachte den Mut

auf, mehr Liebe und Leidenschaft in eine Beziehung einfließen zu lassen. In dieser Zeit sprach selbst Sigmund Freud
nicht mehr nur über unerfüllte Wünsche und unterdrückte Sexualität, sondern auch über die Rückkehr von Zärtlichkeit und Sinnlichkeit im alltäglichen Beziehungsleben.
Klimts „Kuss" stand als Symbol für eine neue Generation,
die sich bemühte, Werte wie Freiheit, Offenheit und Sinnlichkeit immer bewusster in ihr Leben zu integrieren und
auszudrücken. Die Farben und die künstlerische Form des
Bildes zeigen, wonach sich alle Menschen sehnen – nach einer Berührung, nach einer göttlichen
Vereinigung von Mann und Frau,
nach Begegnung, Durchdringung
und Liebe. Es ist eine tiefe Sehnsucht
nach der Einheit mit einem Du, die jedem Mensch innewohnt.

**Es ist eine tiefe
Sehnsucht nach
der Einheit mit
einem Du.**

„Wenn wir feurig lieben, verwirk-
licht sich in uns das kosmische Gesetz der Polarität in seiner stärksten Form: als magnetische Anziehung zwischen
Mann und Frau. Dabei sind wir mit jener sexuellen Essenz
verbunden, die den Kern unserer sexuellen Identität ausmacht. Dieser hat, je nach Geschlecht, ein anderes Gesicht.
Als Frau sind wir rezeptiv, hingebungsvoll, strahlend, an-
mutig, kraftvoll und wild. Wir sind verbunden mit der
Kraft des Schoßes und voller Liebe. Kurz: Wir sind eine
vulvische Frau. Als Mann sind wir präsent, stark, selbstsi-
cher, klar, zielgerichtet, voller Tatendrang und risikofreu-
dig. Kurz: Wir sind ein phallischer Mann.

Die sexuelle Essenz entfacht das Feuer der Leidenschaft
in uns. Wir fallen übereinander her, können es nicht ab-

warten, uns immer wieder lustvoll zu vereinigen. Mann und Frau verstehen wir auf dieser Ebene als Archetypen, als Urbilder, die im kollektiven Unterbewusstsein wurzeln und unser Denken, Fühlen und Handeln prägen, unabhängig von Geschlecht, Hautfarbe, Kultur und Nationalität."[7]

Gerade in der Sexualität lebt der Mensch die Sehnsucht nach Einheit intensiv aus. Für viele ist es sogar der einzige Impuls, durch den dieses Verlangen ausgelebt wird. Nicht wenige Menschen definieren sich und finden sich neu ausschließlich durch eine sexuelle Vereinigung. Das Gegenüber löst auch tiefe innere Prozesse aus. Bewusst gelebt, kann die sexuelle Energie eine zentrale Bedeutung im Leben eines Menschen spielen, da sich durch sie die schöpferische Ur-Kraft des Lebens ausdrückt. Deswegen hängen viele so stark an der Erfahrung dieser Kraft. Nicht selten führen sie ein Dasein in völliger Abhängigkeit, nur um an diesem Erleben festzuhalten und ihm ständig wieder begegnen zu können. Nicht sie beherrschen ihre Sexualität, sondern diese beherrscht sie. Sie sind nicht wirklich frei, sondern getrieben von einer Begierde, die nicht das LEBEN widerspiegelt. Weil diese kraftvolle sexuelle Energie festgehalten wird und nicht fließen kann, kommt es zu Stauungen und Blockaden. In einem Wort – zu Schwierigkeiten. In der Be-gier-de steckt ganz offensichtlich auch die Gier; und die Gier ist weit entfernt von der Liebe!

> **Bewusst gelebt, kann die sexuelle Energie eine zentrale Bedeutung im Leben eines Menschen spielen.**

Jeder Mensch hat das Recht auf die Erfahrung von „Einheit", in dem ihm eine „andere Wirklichkeit" zugänglich wird. Eine Wirklichkeit, welche die eigenen Grenzen überschreitet. Daher schenkt das Leben auch jedem so freigiebig die Möglichkeit, ihr zu begegnen. Oft wird dieses „Einheits-Erleben" aber durch Angst, alte Verhaltensmuster und falsche Vorstellungen behindert; und dann wundert man sich, warum sie im alltäglichen Leben scheinbar unerreicht bleibt.

Jedes unerfüllte Verlangen löst zumeist eine Suche danach aus: Natürlich zuerst im Äußeren, durch neue Beziehungen. Man sucht Begegnungen, in denen man zumindest einen kleinen Funken dieser Einheit erspüren kann. Manchmal geht man dieser Suche ganz offensiv nach, manchmal betreibt man sie heimlich, mit schlechtem Gewissen. Immer aber ist allen Beteiligten an dieser großen Suche eines gemeinsam: Jeder will dieses prägende Gefühl erleben. Jeder glaubt, ein Recht darauf zu haben.

Wenn ein Partner in einer Beziehung noch „auf der Suche" ist, der andere aber glaubt, schon „gefunden" zu haben, versteht dieser begreiflicherweise nicht das Motiv des Noch-Suchenden. An diesem Punkt entzündet sich häufig der Eifersuchts-Konflikt. Die unterschiedlichen Wünsche und Sehnsüchte bilden ein weites Feld für zerstörerische Kräfte. Die Suche des einen Partners wird für den anderen zu einer Art von Bedrohung oder zu einem inneren Schmerz. Warum ist er mit mir nicht zufrieden? Warum kann ich ihm nicht das geben, wonach er

Die „Sehnsucht" ist völlig unabhängig von einem Partner.

sucht? Dabei ist diese „Sehnsucht" völlig unabhängig von einem Partner. Sie ist etwas, was sich ausschließlich im Inneren JEDES Menschen abspielt! Diese Sehnsucht muss auch keinesfalls statisch sein, sondern kann immer wieder nach einem neuen Ausdruck verlangen. Sie muss dynamisch sein, weil das Leben dynamisch ist!

Das Feld der Sexualität spielt die größte Rolle für die Eifersucht, weil Sexualität so stark mit Angst, Scham, Schmerz und sogar mit dem Verlust der eigenen Identität verbunden ist. Über der Sexualität hängt eine starke, dicke, graue Wolke aus der Vergangenheit. Seit mehr als 2000 Jahren wurde die körperliche Vereinigung zwischen Mann und Frau mit der Idee von „Sünde" in Verbindung gebracht und auf vielfältige Weise dämonisiert. Vor allem Frauen haben darunter schrecklich gelitten, weil Sexualität nicht selten mit Macht verknüpft war.

Unzählige bigotte moralische Vorstellungen haben ein natürliches, kraftvolles Empfinden im Menschen ungesund eingeschränkt und durch die Verknüpfung mit der Angst auf mannigfaltige Weise manipuliert. Diese historische Last wirkt als dunkle „Wolke" bis heute im kollektiven Bewusstsein der Menschen. Daher stellt sie sich als gewaltige Herausforderung für jeden Einzelnen dar, sich von diesen alten Kräften zu befreien. Wer diesen befreienden Schritt nicht vollzieht, wird sich auch weiterhin mit alten moralischen Mustern identifizieren, da diese zudem eine bestimmte – allerdings täuschende – Sicherheit zu bieten scheinen. Man kann sich aber auch für eine freie Begegnung des Männlichen und Weiblichen öffnen und sich darin auf eine neue Art und Weise selbst entdecken.

105

Aufgrund der dargelegten historischen Wurzeln hat die Sexualität den stärksten Bezug zur Eifersucht. Die sogenannte „Soft-Untreue", bei der es sich nicht direkt um eine intime, sexuelle Beziehung handelt, ist für viele leichter ertragbar, als wenn es um eine angeblich „richtige Beziehung" geht. Hier wird die Begegnung mit Verlustangst, Moral und Untreue überdeutlich.

Die Betroffenen erleben einen „Seitensprung" oder eine leidenschaftliche „Affäre" als persönliche Niederlage, als Kränkung und als Verlust. Sie fühlen sich ausgeschlossen, hintergangen und verraten. Damit ist für sie zumeist eine rote Linie erreicht. Hier steht die Eifersucht, wenn man es einmal so ausdrücken möchte, auf der „Pole-Position". Es kann eine Explosion eintreten, die nicht in einen Neustart einmündet, sondern einen Crash auslöst. Man ist verletzt und gekränkt und trachtet nur noch nach „Rache". Im Bereich der Sexualität ist man am schwersten verletzbar, weil damit die tiefe, intime Sphäre eines Menschen berührt wird. Hier zeigen sich Besitz-Ansprüche und Verlustängste mit schonungsloser Offenheit. Nichts wird mehr verdeckt, alles wird transparent und offensichtlich.

Der Ursprung von Eifersucht in der Sexualität liegt im Grunde in der falsch verstandenen Form von Hingabe, in einer noch besitzergreifenden Liebe. Der Geliebte gehört mir! Da der Mensch leider auch in der Liebe zumeist in einer Kausal-Kette denkt und lebt, erwartet er für seine Hingabe eine gleichartige Gegenleistung in Form

Der Ursprung von Eifersucht in der Sexualität liegt im Grunde in der falsch verstandenen Form von Hingabe.

von Zuwendung und Treue. In dieser Erwartungshaltung liegt schon der Samen der Eifersucht. Wenn Hingabe gleichsam als „Vorleistung" verstanden wird und als eine Art sozialer Kontrakt ganz selbstverständlich mit Treue verknüpft wird – ich gebe mich hin und du beschenkst mich dafür mit Treue – wird das Ganze zu einer vertraglichen Vereinbarung, wo Leistung eine Gegenleistung erfordert. Treue wird dann zur „Belohnung für die Hingabe". So versucht man, seine Angst, verletzt zu werden oder nicht zu bekommen, was man haben möchte, durch bestimmte „Bedingungen" zu überwinden. Die Angst wird als Erwartung auf den anderen projiziert, und der andere ist verpflichtet, sie zu erfüllen. Dies ist ein tückisches Spiel mit dem intimsten Aspekt des Menschen – und alle Beteiligten bewegen sich in einem Teufelskreis. Der eine gibt sich hin, der andere erfüllt aber seine Erwartungen nicht wie gewollt oder benötigt etwas anderes; woraus Unzufriedenheit und ein Ungleichgewicht entstehen, welche irgendwann durch einen Dritten ausbalanciert werden müssen. Diese Situation verursacht dann wieder neue Konflikte und Herausforderungen. So entsteht eine Kette von Ursachen und Wirkungen, und man schränkt sich selber ein durch das Erwarten und das Nicht-Bekommen.

Im Grunde ihres Herzens suchen alle Menschen nur nach Liebe und der Erfahrung einer größeren Einheit. Allerdings beginnen die meisten ihre Suche zuerst bei ihrem Partner, der dafür verantwortlich gemacht wird, diese Sehnsucht zu erfüllen. Wenn dieser seine Rolle aber nicht wunschgemäß spielt, entsteht Enttäuschung, da man nicht bekommt, was man erwartet oder worin man investiert

Es wird viel zu wenig beachtet, wie häufig die Liebe zu einem Geschäft verkommt.

hat. Es wird viel zu wenig beachtet, wie häufig die Liebe zu einem Geschäft verkommt. Man hat eingezahlt und erwartet eine Rendite!

Jede Enttäuschung löst einen Neuanfang in einer schier endlosen Suche aus. Dieser Prozess setzt sich so lange fort, bis ein inneres Erwachen eintritt. Bis dahin sucht man weiter, nach seinen eigenen Regeln und Vorschriften, nach seiner eigenen Moral. Es bleibt allerdings ein unerfülltes Dasein, welches nach der Erfüllung sucht. Es bleibt weiterhin eine Suche nach sich selbst durch einen anderen. In dieser Suche sehen sich die meisten Menschen entweder als Gewinner, der gefunden hat, was er suchte, oder als eifersüchtiger Verlierer. Sie merken erst beim Eintreten der nächsten „Katastrophe", dass sie in beiden Fällen Verlierer blieben.

In beiden Rollen sucht der Mensch nur sich und die Liebe. Es macht keinen Sinn, Vorwürfe und Schuldzuweisungen anzustellen. Es macht keinen Sinn, sich zu beklagen, warum der eine eifersüchtig ist und der andere immer neue Beziehungen eingeht. Es geht immer um die Suche, weniger um die Rollen, die man dabei spielt.

Die Freiheit der Liebe liegt in der Suche nach sich selbst und dem damit einhergehenden Erkennen. Es geht niemals um die falsch verstandene und durch eine Pseudo-Moral eingeschränkte Freiheit oder um die beliebige Zahl von Liebhabern und Partnern. Diese Freiheit ist eine Chance, sich selber zu finden, ohne gesellschaftliche Muster, tief eingeprägte Ängste, alte Abhängigkeiten und gesellschaftliche oder familiäre Erwartungen. Der Weg der wahren Liebe ist ausschließlich ein Weg zu sich selbst. Solange der Mensch das nicht erkennt, wird er sich ständig in einem Kreis bewegen, weil die unerfüllten Wünsche und die Suche ihn ständig antreiben, nach außen zu gehen und sich einen neuen Partner zu holen, der jedes Mal wiederum nur einen Teil seines Seins widerspiegelt. Sein ganzes „Ich bin", seine innere Einheit, kann der Mensch nur in sich selber finden. Dies kann ein langer oder ein kurzer Prozess sein, doch wer ihn erfolgreich durchschreitet, wird nie wieder in irgendein Rollenverhalten verfallen, sei es die eines „unerfüllten Suchenden" oder eines „eifersüchtigen Erwartenden".

Der Weg der wahren Liebe ist ausschließlich ein Weg zu sich selbst.

Auf dem Feld der Sexualität hat ein Mensch noch viel zu entdecken, aber nur, wenn er sich selbst von Ängsten und moralischen Mustern befreit. Nur so kann er sich selber ehrlicher erleben und in einer Beziehung spontan hingeben. Wahre Hingabe befreit von Erwartungen und Besitzansprüchen. Sie führt dazu, dass man mit dem Partner, durch die Vereinigung von Männlichem und Weiblichem, Einheit und Erfüllung erlebt. Es liegt dann nur an den beteiligten Personen, wie sie diese Beziehung weiter ausgestalten möchten, ob sie beide trägt, inspirierend und erfüllend ist. Die erfahrene Einheit ermöglicht es, offen über die eigenen Bedürfnisse und Vorstellungen zu

Wahre Hingabe befreit von Erwartungen und Besitzansprüchen.

sprechen und in einem tiefen inneren Austausch zu bleiben. Sie fördert gemeinsames Wachstum und ist frei von
äußeren Zwängen. Sie atmet die Leichtigkeit des Seins. Sie
sucht nicht, sie lebt sich selbst und sie schenkt Inspiration
für ein gemeinsames Leben.

Die uralte tantrische Tradition bezeichnet den Weg der
erfüllten Sexualität als den Weg der bedingungslosen Liebe und als eine Verbindung des Ichs mit dem Universum.
In dieser Berührung liegt der Schlüssel für die Heilung
von Eifersucht – sich berühren zu lassen ohne Verkramp-
fung und Erwartung. In einer solchen wahren Begegnung
ruhen Schutz und Kraft. Einer der bekanntesten Tantriker
unserer Zeit, der Franzose Daniel Odier, hat es in seinem
Buch „Tantra – Eintauchen in die absolute Liebe" wunder-
voll beschrieben:

„Jede Sexualität, die nicht von der göttlichen Liebe
ausgeht, ist nur eine Stimulation, der man sich hingeben
kann, ohne sie tantrisch zu nennen. Alles, was mit dem
Ego verknüpft ist, mit Begierde und Besitz, hat als Erfahrung nichts mit Tantrismus zu tun. Um ein Tantriker zu
werden, braucht man die Seele eines Helden. Niemand
kommt auf diesem Weg erfolgreich voran, der seinen Leidenschaften unterworfen ist oder das Opfer seiner egoistischen, manipulierenden, machtbesessenen oder verdrängten Sexualität. Wenn Shiva in Shakti eindringt, dann ist
dies ein vollkommener Akt, ein heiliger Akt. Ohne die
dreifache Beherrschung – die des Atems, des Geistes und
des Spermas – ist es ein Akt, der die Menschen wie seit je
an die Unwissenheit fesselt. Sie vereinigen sich ohne die
Erkenntnis, dass alles in ihnen göttlich ist. Es ist, als wür-

de das Leiden in Gestalt eines Penis das Leiden in Gestalt einer Vulva durchdringen. Gleichwohl ist im Geschlechtsakt, auch wenn er im Leiden des Egos vollzogen wird, alles Göttliche enthalten, nur bleibt das den meisten Menschen mit gestörter Sexualität verborgen. Dabei ist es so einfach! Einzig unser dualistisches und fragmentarisches Denken, unser nach außen gerichtetes Wissen, unsere Ideale und unsere Moralvorstellungen halten es uns verborgen, dass wir Götter sind!"[8]

AUS DER **KRAFT**
DES HERZENS **LEBEN**

Seien Sie sich bewusst, dass Treue KEINE Selbstverständlichkeit ist und keineswegs einen Aspekt der Liebe darstellt! Wahrhaft treu kann man nur gegenüber seinem eigenen Herzen sein. Nur diese innere Wahrhaftigkeit führt auf den Weg der Liebe, einer Liebe, die kein feststehender Zustand ist und keine unverrückbare Struktur aufweist. Die Liebe lebt und schenkt sich aus echter Lebensfreude und Spontanität. Treue stellt sich ein, wenn die Liebe bedingungs- und anspruchslos geworden ist. Sie steigt aus einer höheren Dimension herab und bringt zugleich das Versprechen dieser höheren Wirklichkeit mit sich. Sie kennt auch kein „mein" oder „dein" – sie ist einfach. Wer sie erlebt, fühlt sich im Ur-Vertrauen geborgen.

Versuchen Sie, Ihre eigenen Herzensqualitäten zu entdecken und zu entfalten. Die besten Wege dazu bestehen in der Meditation, bei einsamen Spaziergängen in der Natur oder dem intensiven Hören von Musik. Die Essenz eines Wesens, die in seinem Herzen verborgen ist, steht in enger Verbindung mit der Schönheit. In der Schönheit offenbart sich die Göttlichkeit jedes Geschöpfes, doch nur wer mit den inneren Augen sieht, vermag sie wahrzunehmen. Achten Sie nicht auf die äußeren Formen. Sie sind vergänglich. Wo aber die Schönheit der Seele aufleuchtet, zeigt sich das Unvergängliche. Wenn Sie den Schatz in Ihrem Herzen entdeckt haben, können Sie ihn verschenken und mit anderen teilen – und Sie werden nie mehr unter Bedürftigkeit leiden!

Eine harmonische Partnerschaft baut vollständig auf dem Prinzip des Gebens auf. Wenn eine Beziehung noch im „Haben-Wollen" gegründet ist, wird Treue zum Zwang, wird Eifersucht aus Verlustangst gespeist. Die zahllosen Krisen in den heutigen Beziehungen resultieren aus der Unfähigkeit, vom Haben-Wollen zum Verschenken-Wollen zu wechseln. Viele Menschen haben gar keine Vorstellung davon, wie das „Sich-Verschenken" vonstattengehen könnte – weil sie unter einer inneren Leere leiden. Nur wer sich selbst gefunden hat, vermag dieses SELBST auch mit anderen zu teilen. Lösen Sie sich bitte von der Vorstellung, ein wie auch immer gearteter Traumpartner könnte Ihnen den Pfad zu diesem SELBST zeigen. Sie können es nur alleine finden!

Für viele Frauen ist der Yoga-Weg ein erster Schritt, um ein echtes Gefühl für die eigene Individualität zu entwickeln. Der erste Schritt geht über den Körper. Alle Sinne, wenn sie bewusst genutzt werden, sind auch Tore nach innen. Und, wie der Dichter Novalis sagt: „Nach innen geht der geheimnisvolle Weg!" Der Abbau von körperlichen Spannungen hilft dabei, die Aufmerksamkeit allmählich von äußeren Konflikten zur inneren Geborgenheit zu lenken.

Alle Spielarten der Eifersucht errichten Blockaden – auch in der Körperlichkeit. Wenn der natürliche Fluss der Lebensenergien unterbrochen ist, dann zeigt sich dies auf der körperlichen und auf der geistig-seelischen Ebene. Alle Ihre Gedanken und Gefühle werden durch die Brille der Eifersucht betrachtet – und so entstellt. Yoga, Naturerfahrung und alle Formen des Schönen, von der Kunst über die Literatur bis zur Musik, stellen wieder einen gesunden Kontakt zu Ihrer Wesensmitte her. Aus dieser neugefundenen Mitte formt sich dann ein Weg, um aus der Eifersuchtsfalle zu entkommen.

Sexualität ist vielleicht die Falle, aus der man am schwierigsten zu entkommen vermag. Sie ist mit so vielen Tabus, alten Vorstellungen und moralisierenden Schuldgefühlen umzäunt, dass es großer Achtsamkeit und Aufmerksamkeit bedarf, um sie zu überwinden. Hingabe ist ein entscheidender Schlüssel. Vor der vollkommenen Kraft des Sich-Verschenkens müssen auch die dicksten Mauern der sechsten Eifersuchtsfalle weichen. Hier sind viel Mut und viel Vertrauen gefragt; aber am Ende wartet eine beglückende Erfahrung von wahrer EINHEIT.

7
EIN **NEUES WERTESYSTEM** IN BEZIEHUNGEN

Laut Statistik leben glückliche Paare gesünder und verfügen über eine stärkere Immunabwehr. Das führt, im Vergleich zu unzufriedenen Paaren, dazu, dass sich ihr Leben um vier Jahre verlängert. Ein bemerkenswerter Sachverhalt!

Wenn man, vor dem Hintergrund der aktuellen Scheidungsquote, das Glück von Ehepaaren betrachtet, muss man zugeben, dass das Glück bei vielen Paaren offensichtlich nicht lange anhält. Was bedeutet es denn im Einzelnen, ein glückliches Paar zu sein? Wahrscheinlich würde jedes Paar in Details eine andere Antwort geben, da für jeden Menschen das Glück etwas anderes bedeutet. Doch in den Grundstrukturen dürften sich die Antworten ähneln; denn viele Befragte wären sich wohl darin einig, dass das Glück nicht im Äußeren liegt.

Es gibt keine Geheim-Rezepte und keine goldenen Regeln, durch die das Glück und die Harmonie in einer Beziehung auf ewig bewahrt werden könnte. Das Leben jedes Menschen – und damit jeder Beziehung – ist dynamisch. Es ist ein sich ständig verändernder Prozess. Es ist ein ständiger Wandel. Viele Menschen erwarten von einer Beziehung an erster Stelle Sicherheit und Stabilität: Doch eine gesunde Beziehung baut in erster Linie auf Dynamik.

Dynamik bedeutet, Bewegung und Bewegung ist das Leben. Bewegung und Veränderung sind geradezu die NATUR des Lebens! Nur wer sich diese Gesetzmäßigkeit bewusst macht, kann Stabilität und Kreativität in einer Beziehung leben und erleben. Andern-

Eine gesunde Beziehung baut in erster Linie auf Dynamik.

falls erweist sich die ersehnte Sicherheit als Zwang, da man an einer Form festhält, um innere Ängste und Unsicherheiten zu überdecken. Der Partner ist für das Gefühl, „sich sicher zu fühlen", ganz entscheidend mitverantwortlich. Viele Paare empfinden noch eine Sicherheit in einer Beziehung, wenn, außer der nackten Form, schon längst keine mehr vorhanden ist. Wenn jeder sein eigenes Leben lebt und die Innenwelt einer Beziehung nicht mehr stimmt, halten trotzdem viele an einer gewissen äußeren Struktur fest. Diese ist zwar nur eine Projektion oder Illusion, trotzdem wird sie als Wahrheit vorgestellt und entsprechend gelebt: Man hält zusammen, weil man sich daran gewöhnt hat!

Selbst wenn eine Beziehung ohne Dialog, ohne Kommunikation und ohne wahren Austausch dahinsiecht – man hält aneinander fest. Wenn man solche Fälle beobachtet, erkennt man, wie dieses starke Bedürfnis nach Sicherheit die beiden Beteiligten zu „Illusionisten" macht. Sie ähneln sich manchmal sogar in Gesten, in ihren Bewegungen und nicht selten auch in der Kleidung. Nach außen sieht alles wie eine Einheit aus – und nach innen kann kein Außenstehender schauen. Die beiden Beteiligten wollen dies schon aus Prinzip nicht. Hinschauen würde die Illusion zerstören. Also existieren sie in dieser geschlossenen und verschlossenen Welt vor sich hin. Nur ihre Umgebung fragt sich manchmal verblüfft: „Wie kann man nur in einer solchen Illusion leben, wenn doch in Wirklichkeit alles zerbricht und schon jeder eigene Wege geht?"

Jeder ist seines eigenen Glückes Schmied. Jeder trägt die Verantwortung für sein Glück in den eigenen Händen. Diese alten Spruchweisheiten treffen auf Beziehungen in dramatischer Weise zu. Jeder Partner muss zuerst sein eigenes Glück finden, dann kann er dieses in eine Beziehung einbringen. Wenn er glaubt, der andere sei verantwortlich, um ihn glücklich zu machen, dann ist er bereits auf dem Weg ins vorhersehbare Unglück!

Jeder Partner muss zuerst sein eigenes Glück finden, dann kann er dieses in eine Beziehung einbringen.

Es wäre bereits ein großer Schritt nach vorne, sich nicht mit anderen zu vergleichen, andere nicht zu bewerten und mit offenen Augen und offenem Herzen auf das eigene Beziehungsleben zu schauen. Dadurch entstünde eine gewisse Natürlichkeit und Spontanität in einer Beziehung. Allerdings müssten beide Partner, jeder auf seine eigene Art und Weise, ihren Teil dazu beitragen. Diese unterschiedlichen Facetten machen die Beziehung lebendig, interessant und wachstumsfähig. Auch wenn sich mit der Zeit vorhandene Unterschiede als schwierig oder sogar kaum erträglich herausstellen mögen: Sie haben immer etwas mit dem inneren Reifungsprozess eines Paares zu tun. Wenn es für den einen Partner immer wichtig ist, dass der andere jeden Abend um 18.00 Uhr, wenn er von der Arbeit nach Hause kommt, für ihn da ist, weil es ihm eine scheinbare Sicherheit bietet, kann sich dieser nach einer gewissen Zeit dadurch eingeengt fühlen. Man wünscht sich – nicht selten heimlich – es möge sich doch etwas verändern.

Jeder Mensch benötigt Raum und Zeit, um seine eigenen Gedanken zu denken!

Wenn ein Paar jedes Wochenende immer nur zusammen verbringt, wünscht man sich nach einer gewissen Zeit wahrscheinlich, auch einmal ein Wochenende oder nur einen Tag für sich allein zu haben. Es ist wichtig zu erkennen, dass jeder Mensch Raum und Zeit benötigt, um seine eigenen Gedanken zu denken!

Wenn keine Offenheit in der Beziehung herrscht, sondern jeder nur darum bemüht ist, den anderen bloß nicht zu verletzen, entsteht aus solchen kleinen unerfüllten und sogar verschwiegenen Wünschen leicht ein großes Problem. Nicht selten mischt sich dann auch der erste Anflug von Eifersucht ein: „Es war doch immer so, und es war gut so. Wieso muss es jetzt anders sein? Was hat er/sie vor? Wer mag dahinterstecken?" Solche und ähnliche Gedanken kreisen den Betroffenen schnell durch den Kopf, wenn in der Beziehung keine Offenheit herrscht und sich die Angst vor Veränderungen breitmacht.

Man projiziert die eigenen inneren Ängste und Unsicherheiten auf die Beziehung und wirft dem Partner leicht etwas vor, was nicht der Realität entspricht. Solche Situationen sind vor allem vielen Frauen in der heutigen Zeit bekannt. Sie tragen dadurch oft mehr dazu bei, dass eine Beziehung lebendig und dynamisch bleibt, da sie für das „Neue" offen sind. Die Mehrheit der Männer würde gerne bestimmte Gewohnheiten und festgeschriebene Strukturen beibehalten – und daher ist das neue Selbstbewusstsein der modernen Frauen für sie nur schwer zu akzeptieren. Sie fühlen sich nicht selten durch eine offensive, dynamische Weiblichkeit bedroht und verunsichert. Dabei bietet sich hier eine wunderbare Chance für eine Beziehung, um gemeinsam weiter zu wachsen. Streitereien, Machtkämpfe und ein Durchsetzen der eigenen Wünsche um jeden Preis sind nicht nur sinnlos, sondern auch völlig kontraproduktiv. Sie vertiefen nur bestehende Spannungen und erhöhen den Druck, der auf einer Beziehung lastet. Sie lösen aber keinesfalls die bestehenden Probleme. Man spielt hier nur das alte „Opfer-Täter-Spiel" oder ein Trotz-Spiel nach dem Motto „Wenn Du das kannst, kann ich das auch". Dabei findet man sicher nicht das, was man eigentlich sucht, nämlich Verständnis und Raum für das Leben und für die Entfaltung der Liebe.

Bei solchen Veränderungen ist weibliche Intuition gefragt. Wenn eine Frau sich ihrer Kraft und Klarheit bewusst ist sowie ihre Zärtlichkeit und Hingabe lebt, kann sie dadurch einen Mann inspirieren und ihn durch ihr Wesen für das Neue öffnen. Sie muss sich nicht ihren Raum erobern, muss nicht dafür kämpfen, muss sich nicht durchsetzen. Sie trägt besondere Fähigkeiten und auch die

Weisheit des Herzens in sich, um diesen Raum zur Entfaltung zu bringen und den Mann dazu einzuladen, an der Umgestaltung mitzuwirken und sich durch ihre Weiblichkeit inspirieren zu lassen. Es gibt viele Männer, die diese weibliche Inspiration suchen, und viele Männer warten geradezu darauf, sie in ihr Leben zu integrieren. Es ist nur noch unvertraut, in unserer Gesellschaft offen darüber zu sprechen; aber die Veränderungen zeigen sich auf diesem Feld schneller, als man vielleicht erwartet.

Es ist eine der größten Veränderungen, die gegenwärtig in allen Gesellschaften vor der Tür steht – das neue Miteinander von Männern und Frauen sowie der Respekt und die Freiheit zwischen ihnen. Es geht um eine neue Einheit zwischen dem Männlichen und dem Weiblichen. Es geht um intuitive weibliche Führung und um praktisches männliches Umsetzen.

Es ist nicht einfach, den Respekt dem Partner gegenüber sowie Toleranz und Akzeptanz in einer Beziehung zuzulassen, vor allem in Zeiten, in denen sich ein extremer Individualismus durchzusetzen versucht. Durch Gesellschaft und Medien bekommt man immer vorgehalten, wie wichtig es sei, die eigenen Bedürfnisse an erste Stelle zu setzen und ihnen nachzugehen. Die Werbespots sind voller Ermutigungen im Sinne von – tue das, mache jenes; du bist die Beste; go for it. Es wird einem suggeriert, das angepriesene Angebot sei genau das, was man benötige. Man muss nur sagen: „Das will ich auch." Schließlich hat man/frau es ja verdient!

Die gesellschaftlichen Kriterien, immer besser und perfekter zu werden (Selbstoptimierung), machen aus einem

Menschen oft nur einen Egoisten, der ausschließlich die eigenen Wünsche (Erfolgreich wünschen!) im Blick hat. Die Wahrheit ist jedoch, dass ein Mensch nur dann, wenn er seine wahren Bedürfnisse erkannt und sein Ego überwunden hat, sich weiteren, wichtigen Seiten des Lebens öffnen kann, die nicht mehr auf dem Motto aufbauen: „Ich brauche dies und das will ich auch noch haben."

Aus diesem über-individualistischen oder egoistischen Grund existieren auf dem Beziehungsfeld immer noch Rollen wie „Opfer-Täter" und Gefühle wie „Schuld und Rechthaberei". Sie polarisieren eine Beziehung und sorgen für Spannungen und Missverständnisse. Alle diese Rollen hängen eng mit den Erwartungshaltungen an einen Partner zusammen. Viele tragen immer noch eine Vorstellung des Traum-Partners in sich und projizieren dadurch die eigenen Ideal-Vorstellungen auf ihr Gegenüber in der Erwartung, diese von ihm erfüllt zu bekommen (Pretty-Woman-Syndrom). Durch eine Erwartung schlüpft man schnell und ohne es zu bemerken in eine Rolle von Opfer oder Täter. „Mein Partner soll, mein Partner muss…" ist das Motto, welches beim „Täter" den Druck verursacht, die Erwartungen des „Opfers" zu erfüllen. Gleichzeitig ist dieser erwartungsvolle Täter auch selber Opfer seiner Vorstellungen, die nie Realität werden. Man begegnet nur einer großen Enttäuschung. Es wäre schon hilfreich, sich klarzumachen, inwiefern sich in einer Beziehung jeder manchmal als „Opfer" oder als „Täter" fühlt. Wenn „er" nicht so handelt, wie „sie" es gerne hätte, beginnt schon dieses Rollenspiel! Wer sich dessen nicht bewusst ist, schiebt ständig die Schuld auf den

Partner, und das Spiel bekommt weitere enttäuschende, dramatische Züge.

Wo liegt die Ursache für dieses belastende Rollenspiel? In einem selbst – in der inneren Leere! Das, was man nicht selber hat, erwartet man vom anderen zu bekommen. Wenn das nicht der Fall ist, fühlt man sich unglücklich! Das eigentliche Paradox dabei ist, dass man gar nicht mehr bemerkt, was man wirklich von seinem Partner erhält, weil man so sehr darauf fixiert ist, das zu bekommen, was man noch nicht hat, sich aber sehnlichst wünscht. Das ist eine entscheidende, da verhängnisvolle Ausblendung der Realität.

> Das, was man nicht selber hat, erwartet man vom anderen zu bekommen.

Gleiches kann man auch über Ansprüche sagen, die zum Spiel „Schuldgefühl und Rechthaberei" gehören. Wenn man bestimmte Ansprüche an seinen Partner hat, ist das nicht selten ein Zeichen von egoistischer Liebe, welche die eigenen Vorstellungen an die erste Stelle stellt. „Ich weiß, wie das richtig ist." „Wenn ich selber so viel schaffe, habe ich das Recht darauf, dass mein Partner sich auch bemüht, so viel zu arbeiten wie ich." Wer spricht alle diese Glaubenssätze: „Ich schaffe; ich habe Recht; er soll es tun?" Es ist das Ego, das sich in eine Position des Perfektionismus und der Besserwisserei versetzt! Der Partner kann sich dann bemühen, so sehr er will, in den Augen seines Gegenübers wird er nur selten oder nie die Wertschätzung bekommen, von der er wiederum meint, sie stehe ihm zu. Jeder der beiden Partner bemerkt aus lauter Perfektionismus und Selbstüberzeugung sowie der daraus abgeleiteten

Ansprüche nicht, wer der andere wirklich ist und wie er sich tatsächlich bemüht.

Jeder wähnt sich immer im Recht! Dem anderen bleiben nur die Schuldgefühle, wenn er sich nicht selber mit wachsendem Selbstbewusstsein bemüht, aus dieser Schuldgefühl-Rolle auszusteigen und dem rechthaberischen Partner einen Spiegel hinzustellen. Es ist ein seltsames Macht-Spiel, welches nicht das Geringste mehr mit sich schenkender Liebe und Akzeptanz zu tun hat.

Das Schuldgefühl, dem Partner (oder auch anderen Menschen im Allgemeinen) nicht zu genügen, tragen viele seit ihrer Kindheit mit sich, vor allem wenn die Eltern versucht haben, mit ihren Ansprüchen die eigenen unerfüllten Wünsche durch ihr Kind zu verwirklichen. Da man die Eltern liebt, versucht man als Kind alles, um sie durch Leistung zufriedenzustellen. So ein „Erfüllungs-Programm" prägt die Seele länger als nur bis zum Ende der Kindheit. Es kann als tiefsitzende, meistens unreflektierte Prägung seine Wirkung zeigen: Liebe muss man sich verdienen, und um sie zu bekommen, muss man Leistung bringen! So lautet in der Regel der Glaubenssatz. NUR wenn man Leistung bringt, darf man dafür Liebe und Wertschätzung empfangen. Aus der Liebe wird so ein Geschäft. Kein Wunder, dass das Machtspiel um Schuld und Rechthaberei diese geschäftliche Grundhaltung in sich trägt. Sie hemmt alles Natürliche und Lebendige in einer Beziehung.

Schuldgefühle sind gerade bei Frauen ein verbreitetes Phänomen. Sobald

> **Schuldgefühle sind gerade bei Frauen ein verbreitetes Phänomen.**

sich eine Frau entschließt, aus dem klassischen Rollen-Verhalten auszusteigen, um nicht mehr die brave Mutter, Ehefrau, Familienhüterin, Tochter, Schwiegertochter oder die ewig wartende, endlos geduldige Geliebte zu spielen, sondern ihrer inneren Kraft und Vision zu folgen und selbstbestimmt zu leben, geschieht es nicht selten, dass sie Schuldgefühle gegenüber den Kindern, dem Partner oder der Familie entwickelt. Es liegen auf diesem Feld noch viele gesellschaftliche Prägungen und Denk-Muster vergraben, derer man sich bewusst sein und durch die man sich nicht entmutigen lassen sollte. Diese Prägungen wurzeln fast alle in der Angst und haben mit den inneren Empfindungen, was wirkliche Liebe anbelangt, nichts zu tun.

Eine Mutter, eine Tochter, eine Ehefrau oder eine Schwiegertochter kann die anderen nur dann „glücklich machen", wenn sie selber glücklich ist! Liebe schenken, geben und ausstrahlen kann nur derjenige, der sie in sich gefunden hat! Innere Wahrhaftigkeit ist der beste Führer auf dem Weg der Selbstbestimmung – und zum wahren Glück und zu echter Liebe!

Innere Wahrhaftigkeit ist der beste Führer auf dem Weg der Selbstbestimmung.

Eine Partnerschaft soll heutzutage Halt, Unterstützung, Verständnis, Toleranz, Humor, Zärtlichkeit, Zeit und Sex bieten. Ist das überhaupt machbar, in einer Gesellschaft, in der jeder nur auf seine eigenen Vorteile bedacht ist, für seinen Platz an der Sonne kämpft, seine individuellen Prozesse durchlebt und so mit sich beschäftigt ist, dass für alles andere nur wenig Zeit und Energie übrig bleibt? Man erwartet, dass eine Partnerschaft diese Eigenschaften ganz selbstverständlich mit sich bringt, sobald zwei Menschen zusammenkommen. Wer fragt sich jedoch dabei, WIE dies funktionieren soll? Aus welchen Quellen soll man tanken? Kein Wunder, dass viele Beziehungen auseinandergehen, weil die Erwartungen an eine Partnerschaft einer bestimmten Struktur entsprechen, die allein auf einem bestimmten Rollen-Bild aufgebaut ist, aber dem inneren WESEN der beiden Partner nur wenig Platz einräumt. Eine lebendige, dynamische Partnerschaft kann die alten Rollenmodelle nicht mehr ertragen, und berechtigterweise fragt sich daher jeder – laut oder still für sich – ob sich hinter diesen Rollenmodellen noch etwas anderes, etwas Sinnhaftes versteckt? Etwas, das statt Alltagsfrust aufgrund unerfüllter und immer gleich gespielter Rollen eine Perspektive von Freude und Leichtigkeit aufzeigt? Sobald man eine Rolle gut beherrscht, sucht man nach dem Neuen, Frischen, weil das Leben selbst Bewegung ist. In jedem Menschen liegt immer auch ein bisschen Neugier auf sich selber verborgen. Manchen gelingt es nur für kurze Zeit oder vielleicht sogar nur einmal, dieses ANDERE zu erleben. In diesen kostbaren Augenblicken erspürt man tief im Inneren, dass man vieles in sich trägt, was man noch nicht entdeckt hat. Und irgendwann entzündet sich diese kleine Flamme. Sie speist sich von Mut und Neugier auf das Leben. Sie kann wieder Licht in jene schattigen Sei-

> Eine lebendige, dynamische Partnerschaft kann die alten Rollenmodelle nicht mehr ertragen.

ten bringen, die man bisher nur ungern angeschaut hat. Sie kann wieder für Dynamik sorgen und jeden beschenken, der sie zulässt. Eine gute Partnerschaft bietet den Raum dafür, das alles in sich zu entdecken und auch frei auszuleben. Jeder Partner ist ein Spiegel für die eigenen Schattenseiten und Schwächen, die man sich nicht eingestehen will, weshalb man ab und zu lieber die Augen davor verschließt, um wieder in gewohnten Rollen zu funktionieren. Ein Partner kann dem anderen eine große Unterstützung durch liebevolle, tolerante Akzeptanz, Offenheit und Klarheit gewähren. Keiner ist besser oder weiser als der andere; vor den großen Gesetzen des Lebens sind wir alle gleich. Das Leben räumt uns die Freiheit ein, diese Gesetze so zu verstehen und sie so ins Leben umzusetzen, wie es dem inneren Wesen jedes Einzelnen entspricht. Es gibt weder einen Zwang noch Strafe, wenn man auf dem Weg Fehler macht oder den eigenen Ängsten begegnet, die einen etwas langsamer vorankommen lassen. Es ist alles ein Lern-Prozess, der bei jedem Menschen anders verläuft. Mal schneller oder langsamer, mal schmerzhaft oder leicht und lässig – aber am Ende steht in jedem Falle das Ergebnis, die Belastungen loslassen zu können. Wir alle lernen zu verstehen, was Liebe ist und wie man in Liebe lebt.

Keiner ist besser oder weiser als der andere.

Ein neues Wertesystem in die Beziehung zu bringen, beansprucht an erster Stelle, sich selber danach zu befragen, welche Werte einem wirklich wichtig sind und wie diese im eigenen Leben umgesetzt werden können. Dieses

System basiert nicht mehr auf vorgegebenen Rollen, die gespielt oder erfüllt werden müssten. Stattdessen eröffnet sich mehr Raum für das wahre Innere in jedem Menschen. Dieser innere Wesenskern steht über dem Rollen-Modell und ist eine Unterstützung auf dem Weg zu wirklicher Erfüllung und wahrer Liebe. In diesem Wesenskern kann Eifersucht keine Wohnstatt finden. Sie speist sich allein von den Wünschen des Egos und treibt ihr Unwesen im skizzierten „Täter-Opfer-Spiel".

Wenn sich zwei Partner treffen, die sich nicht mehr an ein Rollen-Verhältnis binden müssen, um die Beziehung stabil zu halten, sondern beide aus der inneren Offenheit leben, ist die Antwort auf den Umgang mit der Eifersucht ein ganz anderer. Diese Gefühle stellen kein Problem in der bekannten Weise mehr dar, sondern sie sind eher ein Indikator dafür, dass in der Beziehung in einem bestimmten Punkt das Verständnis fehlt oder der Partner beziehungsweise man selbst eine Vernachlässigung empfindet. Es geht also um wirkliche Innerlichkeit, nicht mehr um eine Gefährdung von außen. Es geht nicht mehr um Angst, sondern um inneres Wachstum. Die Rolle eventueller „Dritter" oder „Vierter" erscheint nicht mehr bedrohlich, weil man miteinander und offen über ihre Bedeutung sprechen kann. Alle Arten von „Geheimniskrämerei" lösen sich auf. An ihren Platz tritt eine neue Klarheit, die eine stabile Basis für die Beziehung darstellt. Auf diesem Feld gibt es für viele noch einen großen Nachholbedarf. Es ist immer schwierig, mit seinem Partner/seiner Partnerin offen

Alle Arten von „Geheimniskrämerei" lösen sich auf.

über eine neue Beziehung oder über eine Bekanntschaft zu sprechen. Viele psychologische Ratgeber belehren einen sogar darüber, dass es für eine Partnerschaft besser sei, darüber zu schweigen. Der berühmte Spruch „Ein Gentleman genießt und schweigt" muss nicht in jeder Hinsicht förderlich für eine Beziehung sein. Und wo bleiben dabei eigentlich die Gentlewomen? Dürfen sie auch genießen – und dann schweigen?

Solche psychologisierenden Vorgaben werden zumeist dann gelebt, wenn man sich in einer Beziehung an das klassische, aber inzwischen überlebte Rollen-Modell halten will. Es ist ein Arrangement, bei dem jeder genau weiß, welche Rolle er spielt und wo seine Grenzen oder auch Möglichkeiten liegen. Sobald die Optionen dieses Modells jedoch bis zum Ende ausgelebt wurden, kommt die Sehnsucht danach, das Wahre zu leben und nicht mehr den Schein zu wahren.

DIE KUNST DES „**NEIN-SAGENS**" ERLERNEN

Nehmen Sie sich ein wenig Zeit, vielleicht am Abend oder am Wochenende. Schauen Sie nach innen und versuchen Sie herauszufinden, woran Sie in Ihrer jetzigen Beziehung festhalten. Welche Werte sind Ihnen wichtig? Welche Werte möchten Sie auf gar keinen Fall loslassen, und für welche sind Sie bereit, eventuell Kompromisse zu schließen? Welche alten Strukturen haben Sie vielleicht noch nie eines genaueren Blickes gewürdigt?

Sind Sie in der Lage „Nein" zu sagen, wenn Sie innerlich etwas anderes empfinden, als von außen von Ihnen erwartet wird? Erfüllen Sie lieber die Erwartungen der anderen, um einen Konflikt zu vermeiden?

Was sind Ihre Stärken, die Sie in Ihre Partnerschaft einbringen? Was schätzen Sie an Ihrem Partner?

Nehmen Sie sich mehrere Bögen Papier und schreiben alle positiven und negativen Aspekte auf. Ordnen Sie diese dann in einer Reihe von 1 bis 10, oder auch nur bis 7. Die 1 sollte dabei die höchste Prioritätsstufe anzeigen, die 7 oder die 10 die geringste. Vermerken Sie dann hinter jedem Punkt, was Sie bisher daran gehindert hat, dieses Problem zu lösen – und was Sie unternehmen könnten, um diese Defizite zu überwinden.

Nehmen Sie sich dann eines oder höchstens zwei dieser Probleme vor, um es zu lösen. Achtung: Weniger ist mehr! Es lassen sich nicht alle Schwierigkeiten in wenigen Wochen lösen!

EINE ÜBUNG ZUM SCHLUSS:
EIN SPIEGEL-SPIEL

Nehmen Sie sich Zeit und Raum, um diese Übung in aller Stille durchzuführen. Es wäre gut, wenn Sie dabei eine schöne Atmosphäre um sich schaffen könnten, in der Sie für eine Weile ungestört sind.

Welche Eigenschaft Ihres Partners verursacht Ihnen die größten Probleme, so dass Sie ab und zu sogar Wut oder extreme Unzufriedenheit empfinden? Was würden Sie gerne an ihm ändern, oder was fehlt Ihnen an Ihrem Partner?

Falls Sie momentan keine Beziehung haben, überlegen Sie, welche Eigenschaften für Sie in einer Beziehung wichtig sind. Gibt es Kriterien für Sie, die ein Partner erfüllen soll?

Schreiben Sie die Antworten auf diese Fragen wie dargelegt auf und verleihen ihnen eine Wertigkeit. Dann schauen Sie diese Zuordnung nochmals an und überlegen, WARUM diese Punkte für Sie bedeutsam sind.

Betrachten Sie die Antworten als Spiegel. Schauen Sie hinein und fragen sich, was die einzelnen Punkte mit Ihnen zu tun haben? Warum sind sie Ihnen wichtig? Was sagen sie über Sie selbst aus? Suchen Sie meditativ nach weiteren Antworten, die aus Ihrem tiefsten Inneren aufsteigen. Alle Antworten liegen in Ihnen! Die Außenwelt spiegelt sie Ihnen; aber sie liefert nicht die Lösungen!

ZUM BEISPIEL:

Stellt es für Sie ein Problem dar, wenn Ihr Partner eher ein sehr realistischer Faktenmensch ist, sich aber emotional recht verschlossen zeigt und nur wenig für geistige Werte interessiert? Er gibt sich zwar tolerant, wenn Sie vielleicht ein Buch wie dieses lesen, aber um seinen Mund spielt ein leicht ironischer Zug. Warum stört Sie das? Wie stark stört Sie das? Zeigt es Ihnen auf, dass Sie sich und Ihre Weltanschauung gegen ihn behaupten müssen? Weist es Sie darauf hin, dass Sie noch nicht uneingeschränkt für Ihre eigene Position stehen? Glauben Sie vielleicht sogar, er müsste dem zustimmen oder etwas Positives dazu sagen? Wünschen Sie sich, Ihr Partner möge sich für die gleichen Themen begeistern? Vielleicht weil Sie mit den Unterschieden nicht umgehen können? Was steckt in Ihnen, das Sie noch nicht annehmen können und woran Sie sich innerlich binden?

Ein solches inneres Frage-Antwort-Spiel ist sehr hilfreich, um bei sich selber zu entdecken, wie man denkt und was man tief innerlich wirklich empfindet. Im täglichen Leben hat man in der Regel nur wenig Zeit, um zu reflektieren, warum man entgegen seiner inneren Überzeugung manchmal „Ja" sagt, wenn man lieber „Nein" sagen möchte. Es sind viele Rollen, die man täglich – nicht nur in einer

Beziehung – annimmt und spielt. Eine kleine Reflexion über die Frage „Wer bin ich in dieser Rolle?" kann Klarheit und Erleichterung bringen. Sicherlich schenkt sie auch die Erkenntnis, dass ein Mensch mehr ist als nur eine Rolle, die er spielt.

Beachten Sie aber bitte: Diese Selbstprüfung funktioniert nur dann, wenn Sie rückhaltlos ehrlich sich selbst gegenüber sind. Dazu sind durchaus Mut und innere Neugier erforderlich!

8
LIEBE **UND** FREIHEIT

Wie viel Freiheit braucht die Liebe? Auf diese Frage gibt es diverse Antworten. Für den einen wird sich die Liebe gar nicht mit der Freiheit verbinden lassen, da diese für ihn zwei völlig gegensätzliche Werte repräsentieren. Ein anderer sieht Liebe und Freiheit als die unaufhörliche Suche nach einem Gleichgewicht zwischen Zweisamkeit und Autonomie. Ein philosophisch argumentierender Mensch würde wahrscheinlich sagen, dass die Liebe keine Freiheit benötigt, da sie selbst die höchste Freiheit verkörpert. Trotzdem stellt sich fast jeder in bestimmten Phasen seines Lebens die Frage, ob man frei sein kann, wenn man liebt, und wie sich diese Freiheit im realen Leben ausdrücken lässt.

In der alltäglichen Wahrnehmung verbindet man in der Regel die Liebe in einer Beziehung an erster Stelle mit Sicherheit und Pflicht – vielleicht abgesehen von den ersten sechs Monaten. Unweigerlich entstehen aus diesen zwei Bausteinen irgendwann Erwartungen und Ansprüche, und die „Ursache-Wirkung Kette" übernimmt in der Beziehung die Führung. Man öffnet sich, gibt Liebe und

Achtsamkeit in eine Beziehung und erwartet, das Gleiche zurückzubekommen. Mit der Zeit wächst dann nicht nur eine verlässliche Stabilität in der Beziehung, sondern ganz selbstverständlich auch ein starkes Pflichtgefühl, das darin besteht, sich um den anderen zu kümmern, in permanentem Kontakt und Austausch zu bleiben, sich zu melden, Erlebtes zu berichten und eventuelle entstehende Probleme gemeinsam zu lösen. Was am Anfang in der Beziehung schön und selbstverständlich ist und eine gewisse Leichtigkeit und Beschwingtheit schenkt, bekommt mit der Zeit einen Unterton von Gewohnheit. „Du hast früher jeden Tag so schöne SMS geschickt! Warum meldest du dich jetzt nicht mehr und ich muss so lange auf deine Antwort warten?" „Warum willst du immer genau wissen, wann ich nach Hause komme, ich weiß es einfach nicht genau!" Dies sind nur einige typische – fast banale – Beispiele aus dem Alltag, welche jedoch den meisten bekannt sein dürften. Was früher fröhlich und natürlich ungezwungen war, klingt mit der Zeit ein bisschen nach Zudringlichkeit. Man fragt und will einfach wissen, ohne die Grenzen der Intimität des anderen überschreiten oder seine privaten Aktivitäten beschränken zu wollen. Bis zu welcher „Grenze" kann man jemanden lieben, ohne sich selber dabei zu verlieren?

Es ist ein sehr schmaler Grat zwischen der inneren Autonomie und der äußeren Zusammengehörigkeit oder Verbundenheit bei einem Paar. Das, was dem einen noch an Freiheit

Das, was dem einen noch an Freiheit wichtig ist, kann der andere schon als Bedrohung der Gemeinsamkeit empfinden.

wichtig ist, kann der andere schon als Bedrohung der Gemeinsamkeit empfinden. Auch wenn eine Beziehung am Anfang nicht dominiert wird von dem Bedürfnis, über gegenseitige Freiheit zu sprechen, da man doch aus einer gewissen Selbstverständlichkeit heraus alles zusammen unternimmt und den Alltag teilt, könnte es sich trotzdem als hilfreich erweisen, sich dazu ein paar Gedanken zu machen. Freiheit ist für eine Beziehung genauso wichtig wie Stabilität, Zuverlässigkeit oder Sexualität. Je länger eine Beziehung andauert, desto häufiger stößt man auf diese Frage.

Freiheit ist für eine Beziehung genauso wichtig wie Stabilität, Zuverlässigkeit oder Sexualität.

Die meisten Menschen verbinden Freiheit in einer Beziehung mit der Möglichkeit, eine neue, weitere Beziehung anzugehen. Noch immer spricht man in diesem Zusammenhang etwas altertümlich vom „Fremdgehen" oder vom „Seitensprung". Verglichen mit der Vergangenheit, stehen heutzutage alle diese Optionen Männern und Frauen in weit größerem Maße als in früheren Jahrhunderten offen. Selbst die gerne zitierte „öffentliche Meinung" hat inzwischen alte Moral-Vorstellungen losgelassen. Einige Blicke in die Regenbogen-Presse oder ins Internet werden dies umgehend belegen. „Affären" scheinen einfach „in" zu sein. Damit allein scheint sich „Freiheit" nach außen zu dokumentieren. Das Einzige, was dabei noch als „Hindernis" empfunden wird – ist die Angst. Die Angst, verletzt zu werden oder zu verlieren, was einem „gehört". Die Angst, mit den eigenen Schwächen konfrontiert zu werden, oder auch die Angst vor dem Versagen, wenn man einmal die „ewige Treue" versprochen hat.

Sich selbst und dem Partner Freiheit zu geben, ist eine Herausforderung, an der eine Beziehung entweder wächst oder scheitert. In der heutigen schnelllebigen Gesellschaft kann man die Augen davor nicht verschließen. Wenn man mit Freiheit nicht offen umzugehen vermag, verwandelt sie sich in Geheimniskrämerei und wirkt heimtückisch, weil sie überall dort Schaden anrichtet, wo man es nicht erwartet. Die Frucht der Geheimniskrämerei ist das Misstrauen. Partner sind in der Regel sensibel für Unausgesprochenes oder im Verborgenen Stattfindendes. Daher ist diese Situation ein perfekter Nährboden für die Eifersucht! Jeder versucht eigentlich nur, sich seine überlebenswichtige Privatsphäre zu bewahren oder diese zu verteidigen. Dadurch hört er gar nicht mehr zu, was der andere sagt oder ihm vermitteln möchte. Diese Art von Freiheit fällt eher unter die Kategorien Willkür oder Egoismus.

Die Frucht der Geheimniskrämerei ist das Misstrauen.

DAS RECHT AUF FREIHEIT – EIN FALLBEISPIEL

Esther und Joachim entschieden sich dafür, eine offene Beziehung zu leben. Für Joachim war dies vor allem wichtig, weil er weiterhin eine intensive Verbindung zu seiner Ex-Freundin empfand, auch wenn sie sich zwei Jahre zuvor getrennt hatten. Er wollte aber weiterhin den Kontakt zu ihr pflegen und hatte das Esther auch von Anfang an offen gesagt. Esther war einverstanden, denn für sie war die Liebe zu Joachim wichtig. Sie war auch überzeugt davon, dass ihre Liebe zu ihm stark und groß genug war, um eine andere Beziehung auszuhalten. Sie selber pflegte ein paar „kleine Kontakte", die aber nie einen von ihr vorgegebenen „Rahmen" überschritten. Mit der Zeit entwickelte sich die Offenheit in ihrer Beziehung aber doch zu einem Problem für Esther, da Joachim für seine beruflichen Entscheidungen an erster Stelle seine Ex-Freundin um Rat bat und viele wichtige Gespräche zuerst mit ihr führte. Als sie ihm gegenüber erwähnte, dass Joachims Verhalten für sie trotz der verabredeten Freiheit doch schwierig anzunehmen sei, hatte ihr Joachim geantwortet, dass er es als seine persönliche Freiheit empfinde, zu entscheiden, wen er bei beruflichen Problemen um einen Rat frage. Esther akzeptierte dies notgedrungen, war aber innerlich mit dieser Antwort nicht zufrieden. Sie versuchte zu verstehen, warum Joachim sich so verhielt und warum seine Ex-Freundin ihm in vielen Situationen noch immer so wichtig war. Es fiel ihr schwer zu akzeptieren, dass sie selber wahrscheinlich nur wenig Ahnung von Joachims beruflichen Problemen hatte. Sie wollte doch schlicht und einfach nur begreifen, warum er sich so wenig mit ihr darüber austauschte. Diese Gedanken ließen sie nie wirklich los, und da Joachim nicht achtsam genug und sehr in seinen beruflichen Problemen verhaftet war, riss zwischen den beiden eine Kluft von Missverständnissen und Misstrauen auf. Joachim machte Esther Vorwürfe, sie sei eifersüchtig, während Esther sich mit Wutanfällen verteidigte, weil sie sich nicht gut genug fühlte und den Eindruck gewann, sie wäre für ihn nicht wichtig genug. Die Spannung zwischen den beiden wurde ständig größer. Um dem wachsenden Druck auszuweichen, begannen beide eine „Affäre": Erst Esther mit einem Kollegen, kurz danach auch Joachim – natürlich mit seiner Ex-Freundin. Dadurch entstanden noch größere Spannungen zwischen den beiden Hauptakteuren. Inzwischen war jeder von ihnen überzeugt, dass er ein Recht auf Freiheit habe und sich die plötzlich fehlende Aufmerksamkeit, Unterstützung sowie Zärtlichkeit und Nähe da holen könne, wo er sie bekam, ohne sich groß zu bemühen und darüber diskutieren zu müssen. Ein halbes Jahr verging mit diesem emotionalen Wirrwarr und dieser Rechthaberei in puncto Freiheit: Wer hat Recht, wer ist vernünftig, wer ist geistig auf der richtigen Spur? Die ursprüngliche Liebe war in ein Machtspiel und in ständige Streiterei umgekippt.

Erst als sich Esther ernsthaft fragte, ob das noch die Liebe sei, an welche sie zu Beginn geglaubt hatte, und ob das Recht auf Freiheit eine Garantie für die Liebe mit sich bringe, wurde ihr bewusst, dass sie beide einem Denkfehler unterlegen waren.

Inzwischen war Joachims Ex-Freundin schwanger, lebte mit einem anderen Mann zusammen und hatte Joachim wieder verlassen. Aus dem puren Zwang heraus, eine missverstandene Freiheit auszuleben, hatten beide – sowohl Esther als auch Joachim – vergessen, dass zu Liebe auch Dankbarkeit und Wertschätzung gehören. Wertschätzung dafür, dass man jemanden an seiner Seite hat, mit dem man wirkliche Freiheit leben kann, weil auch dem Partner diese Offenheit viel bedeutet. Ein paar zärtliche Worte oder eine manchmal ausgesprochene Dankbarkeit können viele Missverständnisse heilen und Brücken dort bauen, wo falsche Ansprüche und Einstellungen zu Irrtümern führen. Es ist nie zu spät für solche Schritte, wenn man wirklich in der LIEBE lebt.

Genauso wie die Liebe, kann sich auch die Freiheit in einer Beziehung entfalten. Man mag vielleicht der Illusion unterliegen, man müsse nur einem bestimmten „Programm in sieben Schritten" folgen, um die Freiheit ganz sicher zu erreichen, doch wird man dann schnell die Täuschung erkennen. Freiheit entfaltet sich nur innerlich in jedem Individuum – und sie nimmt auch nicht überall die gleiche Gestalt an. Man kann sie auch nicht erringen, da sie ein geistiger Zustand ist, ständig wächst und sich durch einen inneren Reifeprozess

> **Freiheit entfaltet sich nur innerlich in jedem Individuum – und sie nimmt auch nicht überall die gleiche Gestalt an.**

entfaltet. Es ist ein Erkennen, wo man noch innere Bindungen und Erwartungen hat, die einen Einfluss auf die äußeren Handlungen ausüben.

Wenn eine Frau ein starkes Bedürfnis nach Schutz und Sicherheit in einer Partnerschaft empfindet und ihr die permanente Präsenz ihres Partner wichtig ist, wird sie nur schwer akzeptieren, dass der Partner einmal im Monat mit seinen Freunden einen Ausflug macht und sie zu Hause alleine „zurücklässt". Sie kann ihm nur schwer diese kleine Freiheit einräumen, da sie innerlich an seine Präsenz gebunden ist. Weder sie noch er sind in der Beziehung frei. Es ist in dieser Beziehung die erste „natürliche Grenze". Sobald die beiden Betroffenen offen darüber sprechen können und gegenseitig zuhören, was für den anderen wichtig ist, ließe sich wahrscheinlich eine gemeinsame Lösung finden. Auch das gehört zur Freiheit in der Beziehung – offen zusammen zu sprechen und eine Lösung (nicht nur einen – eventuell faulen – Kompromiss) zu finden, die beide zufriedenstellt. Dies gilt vor allem dann, wenn eine Angst angeschaut und wahrgenommen werden soll und der Partner diesen oft schwierigen Prozess mit Geduld und Verständnis begleitet. Es ist ein gemeinsamer Lernweg zum gemeinsamen Lieben.

Die „natürlichen Grenzen" werden in jeder Beziehung andere sein.

Die „natürlichen Grenzen" werden in jeder Beziehung andere sein. Was für ein Paar noch ein „Riesenproblem" darstellt, ist für ein anderes längst Geschichte. Daher gilt es hier, achtsam mit Bewertungen und allzu schlauen Ratschlägen zu sein. Wenn man lernt, die eigenen inneren Freiheitswünsche, aber auch die inneren Begrenzungen zu erkennen, wird es weniger Mühe bereiten, auch die Freiheit des Partners zu respektieren.

Absichtlich ist hier nicht die Rede von „Freiheit zu gewähren". Freiheit ist ein natürliches menschliches Bedürfnis und auch ein Recht, das jedem zusteht, da es in jeder Seele verankert ist. Deswegen kann die Freiheit nicht

Die Freiheit kann nicht von außen gegeben werden, sie kann sich nur aus dem Inneren heraus entfalten.

von außen gegeben werden, sie kann sich nur aus dem Inneren heraus entfalten – durch Selbsterkenntnis und Selbsterfahrung. Wenn man diesen inneren Prozess nicht durchlebt, bleibt man weiterhin seinen verschiedenen Bindungen und Begrenzungen verhaftet und schadet dadurch sich selbst und seinem Partner.

Die innere Freiheit zu verwirklichen, bedeutet nicht, pflichtvergessen oder verantwortungslos zu leben oder willkürlich seinen Begierden nachzugehen. Die innere Freiheit erlaubt es jedem, das Beste zu tun, was in einer Situation möglich ist, da man von dem Druck „es müsse etwas so und nicht anders sein" und von der Illusion „ich kann nicht ohne ihn/sie leben" befreit ist. Man kennt seine Bindungen, seine Pflichten und seine Verantwortung, und aus dieser Erkenntnis, die nicht mehr bedrückend, sondern befreiend ist, wählt man das Stimmige für eine bestimmte Situation. Die jeweilige Wahl wird dann nicht mehr aufgrund eines inneren Druckes getroffen, sondern aufgrund einer tiefen inneren Freiheit. So entsteht in jeder Beziehung ein kreativer Raum, in dem sich die Liebe weiter entfalten kann und gemeinsames inneres Wachstum möglich wird. Wer diese Freiheit in sich lebt, lässt sie auch in die Beziehung einfließen. Eine wahre Liebesbeziehung gewinnt dann an seelischer Tiefe, an geistigem Vertrauen und an innerer und äußerer Unabhängigkeit.

Die amerikanische Psychologin Esther Perel schreibt zu diesem Komplex:

„Wenn wir in unserer Beziehung Freiheit erfahren, sind wir weniger geneigt, andernorts danach zu suchen. Wer den Dritten auf diese Weise einzuladen versteht, hält ihn und seine Attraktivität gewissermaßen im Zaum. Die Versuchung ist nicht länger ein Schatten, sondern eine konkrete Möglichkeit, über die sich offen reden und scherzen lässt und mit der man sein Spiel treiben kann. Wenn wir die Wahrheit gefahrlos aussprechen können, brauchen wir keine Geheimnisse zu hüten.

Mehr noch, die Anerkennung des Dritten kann eine zusätzliche Würze sein, nicht zuletzt deshalb, weil sie uns daran erinnert, dass der Partner nicht unser Eigentum ist. Wir sollten ihn oder sie nicht als eine Selbstverständlichkeit ansehen. In der Unsicherheit wächst das Verlangen, und nur aus der inneren Distanz können wir den Partner wie einen Fremden bewundern und neu an ihm zur Kenntnis nehmen, wofür uns Gewohnheit blind gemacht hat. Und letztlich sehen wir uns in unserer Wahl bestätigt: Er oder sie ist die Person, die wir uns wünschen. Wir gestehen uns unsere abtrünnigen Sehnsüchte zu, können uns aber frei davon machen. Wir flirten mit ihnen, halten aber sicheren Abstand. Vielleicht erweist sich wirkliche Reife darin, dass wir die sexuelle Liebe, statt sie zu beschneiden, als etwas ansehen, das um andere Leidenschaften weiß, sich aber dafür eben nicht entschieden hat."[9]

IM **GEBEN** EMPFANGEN

Wahre Freiheit ist immer eine innere Freiheit! Selbst im Zustand einer äußeren Abhängigkeit kann man sich seine innere Freiheit – und damit seine Würde – erhalten. Um in einer Beziehung zu wirklicher Freiheit zu finden, gilt es, sich immer wieder zu prüfen, wo man an den Partner Ansprüche und Erwartungen hegt. Dabei geht es nicht um äußere Kleinigkeiten, wie etwa Pünktlichkeit oder die berühmte „Zahnpasta im gemeinsamen Badezimmer". Freiheit bezieht sich auf die Projektionen in den Anderen: Was muss er/sie tun, damit ich glücklich bin. In dem Augenblick, wo die Erlangung von Glück, Harmonie und Zufriedenheit vom Verhalten eines anderen Menschen abhängt – wird die Freiheit aufgegeben. Das Maß dieser Aufgabe hängt vom Ausmaß der Abhängigkeit ab. Wenn man „ohne den anderen nicht leben kann" – beträgt die Abhängigkeit 100%!

Daniel Odier hat in seinem wunderbaren Buch über die „Freude" dieses Geflecht in Liebesbeziehungen auf brillante Weise entschlüsselt:

„Liebe zu bekommen, hängt von anderen ab, die sie uns auch entziehen können. Es gibt eine sehr einfache Lösung, an die wir nicht immer denken: Liebe zu geben, hängt nur von uns ab. Liebe zu geben, heißt vor allem,

Gewahrsein für die Welt zum Ausdruck zu bringen, Gewahrsein für den anderen, Zuhören in einer körperlichen, mentalen und emotionalen Entspannung. Wir sind nicht gewohnt, dass die anderen präsent sind. Es ist natürlich, dass wir unsererseits dieser Absenz verfallen, die für die gesellschaftlichen Beziehungen charakteristisch ist. … In unseren Liebesbeziehungen verwechseln wir zu häufig Gabe und Besitz. Ein kreatives Leben setzt voraus, dass wir dem anderen den ganzen Raum lassen, den er zur vollkommenen Entfaltung benötigt. Aber ist der Enthusiasmus der ersten Monate einmal vorbei, stellt sich eine beengende Dynamik ein. Wir begrenzen das Forschungsgelände unseres Partners. Wir wollen, dass er sich verändert, dass er unseren Vorstellungen entspricht. Die Liebe verkümmert, verwandelt sich in Verbitterung. Man stutzt dem anderen nicht die Flügel, ohne den Preis dafür zu bezahlen."[10]

Zum Schluss fasst Odier seine Ausführung in den zwei kurzen Sätzen zusammen: „Im Geben empfangen wir. So einfach ist das."

Um für sich herauszufinden, wie es um Ihre Beziehung steht, sollten Sie die nachstehenden drei Fragen so ehrlich wie möglich beantworten. Sie sind grundlegend, um aus der achten Eifersuchtsfalle herauszukommen.

1. Bin ich wirklich bereit, einem Menschen, den ich liebe, uneingeschränkt alle Freiheiten einzuräumen, die dieser für seine persönliche Entfaltung benötigt?

2. Deckt dieser Respekt vor der Freiheit des anderen alle Bereiche ab: Zeit, Gesellschaft, Politik, Religion, Kunst, Kleidung oder Sexualität?

3. Habe ich den Eindruck, dass Glück des anderen gehe zu meinen Lasten? Wenn er glücklich ist (mit einem anderen Menschen), könnte das zu meinen „Lasten" gehen?

Wenn Sie sich nicht ganz sicher sind, stellen Sie eine Frage zurück und beantworten Sie später. Besser später und ehrlich antworten, als sich schnell mit einer Halbwahrheit zu beruhigen!

9
DIE **ALLTÄGLICHE ARBEIT** AN DER EIFERSUCHT

„Die Zeit ist der beste Heiler", das haben schon unsere Großmütter gesagt. Diese Aussage drückt aus, was jedem sicherlich nur allzu gut bekannt ist. In unserer schnelllebigen Gesellschaft vergisst man aber diese innere Weisheit allzu oft und versucht, so schnell wie möglich die vorhandenen Probleme und Schwierigkeiten zu beseitigen. Nicht selten wird das Problem dabei einfach nur verdrängt, weil man es nicht anschauen will. Man ist es nicht gewohnt, Abstand zu einer Sache zu gewinnen, um Klarheit zu bekommen. Man trachtet vielmehr danach, sofort auf irgendeine Weise zu handeln, um eine schnelle und effektive Lösung zu finden. Man sucht nach Methoden im Äußeren, obwohl eine wahre Lösung nur im Inneren eines jeden Menschen liegt. Allein die Wahrnehmung verändert eine Situation und löst ein Problem, nicht irgendeine Methode.

> **Allein die Wahrnehmung verändert eine Situation und löst ein Problem, nicht irgendeine Methode.**

Die vielleicht schwierigste Herausforderung beim Thema Eifersucht ist es, Abstand zu dieser Emotion zu bekommen. Ein Mensch, der direkt in diese Emotion verstrickt ist, kann sich selber nur schwer im Griff haben, da diese Emotion, wenn sie aufbricht, ihn vollständig überwältigt. Es reicht bei einem emotionalen Ausbruch nicht, zu versuchen, sich selber unter Kontrolle zu halten, denn die Kraft der Eifersucht ist widerspenstig und lässt sich nicht schnell stoppen. Da diese Emotion ausschließlich mit Liebe verbunden ist, liegt der Kern für ihre Behandlung auch in der Liebe. Eifersucht spiegelt einem nichts anderes als das große innere Defizit an Liebe und Wertschätzung sich selbst gegenüber!

Es gibt einige wichtige Aspekte bei der persönlichen Arbeit an der Eifersucht, die man im Alltag berücksichtigen kann:

1. Der Partner oder auch die Umgebung sind nicht verantwortlich für das Gefühl Eifersucht!

Eifersucht ist eine rein persönliche Emotion.

Eifersucht ist eine rein persönliche Emotion, die zwar durch andere ausgelöst wird, die jedoch in keinem Fall weder schuld daran sind noch Verantwortung dafür tragen. Jeder Mensch ist für seine Gefühle und Emotionen selbst verantwortlich und erschafft diese selber. *Niemand* ist schuld daran, wie Sie sich fühlen! Emotion entsteht in einem selbst als Ergebnis der inneren geistigen Wahrnehmung. Wenn man die

Emotionen ändern will, sollte man bei den eigenen Wahrnehmungen anfangen. Eine Emotion durch eine andere zu ersetzen, löst das Problem nicht, und man bleibt weiterhin fest an das Rad von Ursache-Wirkung gebunden. Wenn man Eifersucht mit Wut ersetzt oder mit Desinteresse an seinem Partner, steckt man weiterhin im alten Kreislauf. Man hat nichts gelöst und keine neue Ansicht gewonnen – man spielt nur mit einer anderen Emotion das gleiche Spiel weiter. Die innere Unzufriedenheit und der Mangel an Liebe sind damit nicht geheilt. Diese Defizite verbleiben weiterhin im Inneren, man drückt sie nur anders aus.

Durch Eifersucht weist man dem Partner die Schuld zu: „Ich liebe Dich doch so sehr, wie konntest Du mir so etwas antun." Im Namen der Liebe wird der Partner in die Rolle des Täters gedrängt und scheint schuld daran zu sein, dass man Schmerz empfindet und eifersüchtig ist. Der Eifersüchtige leidet unter den Taten seines Partners und ist sogar davon überzeugt, dass das Leben ihm gegenüber ungerecht ist! Ist der Eifersüchtige aber nicht vielleicht ungerecht sich selbst und der Liebe gegenüber? Ist es nicht so, dass man, bewusst oder unbewusst, das Leid selber wählt, weil man – aus welchen Gründen auch immer – selber leiden will? Man könnte doch auch lieben ohne zu leiden. Hier stoßen wir auf das größte Paradox vieler Menschen – die Verbindung der Liebe mit dem Leid! Es sind zwei völlig unterschiedliche Seinsweisen! Man kann lieben, aber nicht leiden. Man kann natürlich auch leiden, aber dann liebt man nicht. Beides gleichzeitig geht nicht

Man kann natürlich auch leiden, aber dann liebt man nicht.

zusammen! Man kann Leid als Wegweiser nutzen, um zu sehen, wie weit man sich von der Liebe, die in einem wohnt, entfernt hat. Die Taten des Partners sind nur der Spiegel für die Liebe.

2. Die permanente Präsenz des Partners löst die Angst vor dem Alleinsein nicht!

Eifersüchtige Menschen sagen oft: „Wie konntest Du nur mit einer anderen Frau weggehen, wenn ich zu Hause auf Dich warte?" „Wenn Du mit einer anderen unterwegs bist, sitze ich alleine zu Hause." Diese und ähnliche Aussagen zeigen nur, dass man mit sich selbst nicht zurechtkommt und von seinem Partner erwartet, dass er die Verantwortung für die innere Leere und für die Angst vor dem Alleinsein übernimmt. Durch das Verlangen nach permanenter Präsenz des Partners wird die innere Leere für Augenblicke überdeckt. Je größer diese Leere ist, desto stärker bindet man sich an den Partner, um dieses Defizit zu kompensieren. Man gerät in eine Abhängigkeit, und je unbewusster diese gelebt wird, desto mehr hängt man an dem Partner fest.

Wenn man nicht allein sein kann und sich dabei unzufrieden, unsicher und unglücklich fühlt, wird die Präsenz des Partners dieses Gefühl nur für kurze Zeit verdrängen können. Er füllt zwar die Leere mit seinem Dasein, aber die Leere ist damit nicht auf Dauer beseitigt, sie existiert weiter und sucht nach neuen Ausdrucksformen. Deshalb stellt man immer neue Ansprüche und Forderungen an den Partner. Man braucht den Partner zum Überleben. Er muss einfach „da sein".

So definiert man auch sein Glück und sein Selbstwertgefühl – durch seinen Partner! Wenn er da ist, fühlt man sich glücklich. Wenn er lieb und achtsam ist, fühlt man sich anerkannt und wertvoll. Der Partner soll all das liefern, über das man selber nicht verfügt. An erster Stelle – die Liebe! Aber ist die Liebe verschwunden, wenn der Partner nicht mehr da ist? Wenn man alleine zu Hause sitzt, existiert die Liebe dann gar nicht? Wo ist sie denn hin verschwunden? Es ist nur ein Denkmuster, die Liebe ausschließlich mit seinem Partner zu verbinden. Die Liebe ist weder an einen Ort noch an einen Menschen gebunden. Die Liebe *IST*, sie ist ein Zustand, in welchem man lebt.

> **Die Liebe ist weder an einen Ort noch an einen Menschen gebunden.**

Eine neue Wahrnehmung dessen, was Liebe ist, heilt die innere Leere. Es gibt viele Momente im Alltag, in denen man der Liebe begegnen kann. Durch das Erleben von etwas Schönem, von etwas Erfreulichem. Was Freude bringt, öffnet einen Zugang zur inneren Quelle der Liebe. Man erkennt, dass die Liebe in einem selbst lebt. Mit dem Partner kann man sie verdoppeln oder vermehren – und so im Zustand einer erfüllten Liebe leben.

3. Sich selber anzunehmen und wertzuschätzen, entspannt die Beziehung

Eifersucht treibt einen dazu, die Situation aus einer sehr polaren oder einseitigen Perspektive zu sehen. In Wirklichkeit ist jede Situation vielseitiger, als sie aus dem eifersüchtigen Blickwinkel wahrgenommen werden kann. Aus Mangel an Selbstliebe und Selbstwertschätzung bewertet man die Situation jedoch mit einem traurigen Blick innerer Leere. Man fühlt sich bedroht durch den Dritten und projiziert Emotionen und Handlungen auf seinen Partner, die oft weit von der Realität entfernt sind.

Sobald der Partner ein wenig Zuneigung zu einer anderen Frau zeigt, wird aus der Geschichte ein Drama konstruiert. Oft ist die Situation gar nicht so dramatisch, die Emotion Eifersucht spitzt die Situation bei dem Betroffenen nur dramatisch zu. Es ist ein Mangel an Selbstvertrauen und Selbstwertgefühl in ihm, welcher ihn dazu treibt, den Partner zu verdächtigen. Anstatt anzunehmen und zu genießen, was man mit dem Partner gemeinsam erschaffen hat, beobachtet man ängstlich dessen Taten und Handlungen. Man projiziert die fehlende innere Wertschätzung auf den Partner und sorgt sich darum, dass der Dritte einem die Zuneigung des Partners gänzlich wegnimmt. Das ist eine perfekte Grundlage für Missverständnisse und später für gegenseitiges Misstrauen.

Wenn man kein Vertrauen in sich selbst hat, kann man es auch seinem Partner nicht entgegenbringen. Um diesen Mangel zu überspielen, nimmt man die ganze Aufmerk-

samkeit des Partners in Besitz und erwartet eine vollkommene Zuwendung
von ihm.

> **Wenn man kein Vertrauen in sich selbst hat, kann man es auch seinem Partner nicht entgegenbringen.**

Es ist kein Zufall, wenn zwei Partner
zusammenkommen. Sie haben etwas
voneinander zu lernen. Wenn ein Defizit von innerem Selbstwertgefühl bei
einem Partner vorhanden ist, reagiert
er mit Eifersucht, wenn ihm Teile der
Aufmerksamkeit seines Partners entzo-
gen werden. Das muss gar nicht der Realität entsprechen,
aber der Betroffene empfindet es so. Er will einfach zu-
rückhaben, was ihm „gehört" – nach dem Motto: „Was ich
nicht habe, bekomme ich von Dir, wenn Du mich liebst,
musst Du es mir geben."

Mehr Wertschätzung sich selber gegenüber für alles,
was man ist, entspannt die Erwartungen an einen Partner. Man muss sich Wertschätzung dann nicht mehr von
außen holen. Man bewacht den Partner nicht mehr ange-
spannt, ob er eventuell nicht jemand anderem seine Aufmerksamkeit und Wertschätzung schenkt. Man schätzt
sich selber und dadurch auch die eigene Partnerschaft. So
wächst das Vertrauen – in sich und in den Partner.

4. Die Leichtigkeit des Seins

„Wenn Du dem Tag ein Lächeln schenkst, schenkt er es
Dir zurück!" Diese kleine Lebensweisheit bewährt sich
auch bei der „Herausforderung Eifersucht".

Wenn man lernt, auch einmal über sich selbst zu lachen oder zumindest zu schmunzeln, lebt sich das Leben erheblich leichter. Es ist ein bemerkenswerter Sachverhalt, dass Frauen bei sämtlichen Umfragen nach den „Qualitäten ihres Traummannes" übereinstimmend immer wieder an erster Stelle „Humor" nennen. Wenn man zusammen lachen kann, wird der Eifersucht eine wichtige Lebensquelle entzogen. Ein Mensch, der nicht lachen kann, ist wie ein Tag ohne Sonne.

Wenn man zusammen lachen kann, wird der Eifersucht eine wichtige Lebensquelle entzogen.

Humor ist für das Leben wichtig; aber noch wichtiger für den Umgang mit sich selbst. Der wissende Blick in den Spiegel mit dem Gedanken „Was hast Du da jetzt wieder angestellt!" ist eine wunderbare Medizin. Sie ist auch ein Heilmittel gegen die Krankheit Eifersucht.

Mit Humor lässt sich ein anderer Umgang mit der Eifersucht realisieren, der einem selbst hilft, indem er in jede Partnerschaft eine Prise „Leichtigkeit des Seins" hineinbringt.

5. Die Suche nach Mr. Right führt zu sich selbst

Auch ein „idealer" Partner ist noch keine Garantie für die ewig glückliche Liebe und Partnerschaft. Vor allem auch deswegen, weil das Glück und das Leben nie statisch sind. Das, was am An-

Das Glück und das Leben sind nie statisch.

fang einer Partnerschaft wichtig war, ist später möglicherweise belanglos. Wonach man sich früher gesehnt und was man im Laufe des Lebens vielleicht erreicht hat, ist mit der Zeit die normalste Sache der Welt, da alles einer inneren Entwicklung unterliegt. Man ändert sich mit der Zeit und mit den Erfahrungen, die man macht. Jede Erfahrung schenkt einem eine Erkenntnis, und alles, was einem im Leben begegnet, dient der Selbstverwirklichung und letztlich der Liebe. Auch wenn man durch die Erfahrung der Eifersucht geht, dient diese dazu, zu erkennen, wo man die Liebe noch nicht frei leben kann und an eigenen Erwartungen und Ängsten festhält.

Eifersucht ist kein Fehler, weil man aus dieser Emotion lernen kann! Kein neuer Partner, kein Mr. Right kann diesen Prozess für einen selbst machen. Auch der sehnlichst erträumte Mr. Right ist nur ein Spiegel für das Selbst. Wenn man aus dieser Einsicht heraus in ihn blickt, begegnet man nur sich selbst! Diese Chance, sich selbst vorbehaltlos anzunehmen und zu erkennen, bedeutet, die Liebe in das eigene Leben einzuladen und sie dann wie ein besonderes Geschenk auszupacken – mit Ehrfurcht, Freude und Dankbarkeit dafür, dass man sie in sich entdeckt hat.

DER NEUNTE WEG AUS DER **EIFERSUCHTSFALLE**

DIE **EINFACHHEIT** WIEDER **NEU ERLERNEN**

Manche Wege aus der Eifersuchtsfalle sind einfach, sehr einfach. Wie das nachstehende Gebet.

Bitte um die richtigen Dinge,
und Gott wird sie dir geben müssen.
Also bitte um Stärke und Weisheit, Liebe und Mitgefühl,
Um durch das Leben mit Würde, Humor und positiver Hingabe zu gehen.
Das ist das beste Gebet.[11]

10
NEUE BEZIEHUNGSMODELLE
– EIN **AUSBLICK**

Das einzig Beständige im Leben ist der Wandel. Das zeigt sich heutzutage nicht nur im Bereich von Politik und Ökonomie, sondern gut nachvollziehbar auch im Bereich der Beziehungen. Wovon man vor fünfzig Jahren nur hinter vorgehaltener Hand gesprochen hat, ist heute Realität, die jeden Tag eine neue Gestalt annimmt und von jedem Achtsamkeit und Wachheit einfordert.

> **Das einzig Beständige im Leben ist der Wandel.**

Vor fünfzig Jahren war es ein gesellschaftliches, moralisches und auch finanzielles Problem, wenn eine unverheiratete Frau ein Kind zur Welt brachte und als alleinerziehende Mutter lebte. Heute spricht man offen über die Freiheit einer Frau, sich zu entscheiden *wie* und *mit wem* sie ein Kind bekommen und erziehen möchte. Früher war es ein schwerwiegendes psychologisches Handicap, wenn ein Kind aus einer geschiedenen Familie stammte. Heute spricht man ganz selbstverständlich über „Patchwork-Familien". In der Zeit, in der sich das äußere Erscheinungsbild einer Gesellschaft verändert hat, haben auch die Werte eine Entwicklung erfahren. Im Vordergrund stehen stärker als früher innere Werte und Zusammenhänge. Die Vorgaben von gesellschaftlichen Normen, nach denen Männer und Frauen einst zu leben hatten, sind weitgehend verschwunden.

Nicht zuletzt die neuen Kommunikationsmöglichkeiten des digitalen Zeitalters haben die einstigen Grenzen zwischen dem, was erlaubt, und dem, was nicht erlaubt ist, oder auch zwischen dem, was möglich, und dem, was nicht möglich ist, verwischt. Die Menschen sehen sich vor neue Situationen gestellt und in neue Zusammenhänge eingebettet. Jedem steht dabei eine neue Freiheit zur Verfügung, wie er mit diesen veränderten Gegebenheiten umgehen möchte.

Jedem steht eine neue Freiheit zur Verfügung, wie er mit den veränderten Gegebenheiten umgehen möchte.

Das Innenleben der Menschen spielt dabei eine viel wichtigere Rolle als jemals zuvor. Ein neues Beziehungsmodell muss man heute nicht mehr erkämpfen, sondern es entfaltet sich aus dem eigenen Inneren, wenn man es zulässt und nicht in alten Vorstellungen und Mustern verharrt. Je mehr man sich selber entdeckt, erkennt und ehrlich mit sich umgeht, desto mehr sucht man nach Bindungen, die es ermöglichen, aus dem eigenen inneren Potenzial und aus den eigenen inneren Qualitäten heraus zu leben und sich der Liebe und Freiheit vorbehaltlos zu öffnen.

Die Ehe stellt heute nicht mehr die einzige stabile Lebensgemeinschaft für den Einzelnen oder die Gesellschaft

dar. Das Wertesystem hat sich von außen nach innen ver-
lagert. Der Mensch sucht nicht nur neue Formen, sondern
immer mehr auch neue Inhalte. Es ist heute keinesfalls die
große Ausnahme, wenn man in mehreren Beziehungen
lebt, unverheiratet ein Kind bekommt, eine Fernbezie-
hung führt, ewig Single bleibt oder sich dafür entscheidet,
ein drittes Mal zu heiraten. Das alles ist kein Novum in
der Gesellschaft, sondern die verschiedenen Lebensent-
würfe existieren ganz selbstverständlich nebeneinander.

Jeder kann heute die Form wählen und leben, welche am besten zur
eigenen Lebensphilosophie passt. Es
ist alles möglich und erlaubt, solange
man damit den anderen nicht schadet. Eine spannende Frage bleibt dabei jedoch: WIE setzt man diese neu-
en Freiräume um, und wie füllt man

> Es ist alles mög-
> lich und erlaubt,
> solange man da-
> mit den anderen
> nicht schadet.

sie innerlich aus. Es ist eine jeweils individuell vorgegebe-
ne Freiheit, für die man eine passende Lebensform suchen
muss. Diese größere Freiheit bietet aber keine Garantie
dafür, dass man auch mit seinen Emotionen und Empfindungen anders umgehen kann. Es ist keineswegs gewähr-
leistet, dass man nicht mehr eifersüchtig ist, dass man keine Erwartungen mehr hegt und seelischen Schmerz oder
innere Verletzungen leichter loslassen kann.

Auch weiterhin existieren sämtliche Emotionen, sie
lösen sich durch neue Formen des Zusammenlebens natürlich nicht automatisch auf. Sie stellen vielleicht andere
Herausforderungen. Sie sind nicht mehr gesellschaftliche
Konflikte, sondern Bausteine im Selbsterkennungspro-

zess. Man ist durch die neue Freiheit entweder verwirrt oder man nutzt sie als Kraft, um zu erkennen, warum man sich bindet. Man durchschaut vielleicht leichter das eigene Wunschdenken und das damit einhergehende Defizit, was Erkennen und Liebe angeht. Durch die frei gewählte neue Lebensform eröffnet sich auch mehr Raum für das eigene Innenleben und für die Suche nach sich selbst. Statt am Traditionellen, Bekannten festzuhalten, entdeckt man, wie aufregend es sein kann, Entwicklungen einfach geschehen zu lassen. Statt Druck auszuüben, um etwas zu erreichen, lernt man, durch das innere Vertrauen nach einer Lösung zu suchen. Man übt sich jeden Tag darin, mit Offenheit und Akzeptanz das anzunehmen, was man hat und was man ist, und diese Qualitäten in sein Beziehungsleben einzubringen.

EIN **FALLBEISPIEL**:

Rosemarie hatte sich vor drei Jahren von ihrem Mann getrennt. Sie wollte nach dreiundzwanzig Ehejahren einen neuen Lebensweg einschlagen, nachdem sie und ihr Mann sich ohne Kinder in so vielen gemeinsamen Jahren auseinandergelebt hatten. Nach langen Überlegungen hatte sie sich für ein eigenes Leben entschieden, was für ihren Mann völlig unerwartet kam. Nach Absprache hatten sie die gemeinsame Wohnung für zwei kleine Wohnungen eingetauscht. Das Neue konnte kommen.

Einige Zeit später verliebte sich Rosemarie in einen jüngeren Mann. Sie war glücklich, die frische Liebe schenkte ihr neue Energie und ein neues weibliches Selbstbewusstsein. Der neue Mann war allerdings verheiratet und hatte in einer anderen Stadt eine Ehefrau mit einem Kind. Was sich zu Beginn leicht und beschwingt angefühlt hatte, wuchs sich später zu einem regelrechten Drama aus. Rosemarie wollte nicht loslassen, ihr Freund hatte ein schlechtes Gewissen der Ehefrau gegenüber und wollte die Familie nicht verlassen, und die Ehefrau fühlte sich betrogen und belogen. Jeder beharrte nachvollziehbar auf den eigenen Gefühlen. Alle Beteiligten waren enttäuscht und verunsichert. Dies zog sich so lange hin, bis Rosemarie über den eigenen Schatten sprang und nach dem Sinn der ganzen Geschichte zu suchen begann.

Es war ein langer Prozess für sie, bis sie zu akzeptieren vermochte, dass sie nicht die einzige Frau für ihren Liebhaber war und für diesen zurzeit noch seine Familie an erster Stelle stand, auch wenn es dort schon lange Probleme gab und er sich zu Hause nicht mehr wirklich wohlfühlte. Er musste aber zuerst seinen inneren Prozess bewältigen und die Probleme in seiner Ehe anschauen, statt davor zu fliehen. Die Lösung, seine Ehefrau zu verlassen und mit Rosemarie in einer Beziehung zu leben, erschien ihr plötzlich nicht mehr als der richtige Weg. Trotzdem war ihr die Liebe zu ihrem Freund weiterhin wichtig. Sie musste ihn dafür aber nicht besitzen und als Mann an ihrer Seite haben.

Rosemarie hörte auf, Druck auf ihn auszuüben, und räumte ihm vollkommene Freiheit ein, was die gemeinsame Zeit betraf. Er konnte kommen, wann es für ihn gut und stimmig war. Mit der Zeit wuchs zwischen den beiden wirkliches Vertrauen und eine gegenseitige Wertschätzung. Die Liebe hatte über die Form entschieden. Die beiden hatten gelernt, darauf zu achten, was sie verband und wodurch sie sich innerlich gegenseitig unterstützen konnten. Rosemarie war nicht mehr unzufrieden damit, dass an erster Stelle bei ihrem Freund die Familie stand und er nur wenig Zeit mit ihr verbringen konnte. Die wenigen gemeinsamen Momente schenkten ihr jedoch inneres Glück, und sie erachtete ihren Freund als wertvolle Bereicherung ihres Lebens. Sie selber durfte dadurch innerlich auch wachsen, weil sie das losließ, was nichts mit Liebe zu tun hatte.

Die vielen neuen Formen des Zusammenlebens eröffnen jedem Menschen Räume, in welchen sich die emotionale Liebe, die anfänglich noch an „brauchen und haben" gebunden ist, zu wahrer Liebe entwickeln kann. Dann ist der andere nicht nur ein Objekt, sondern im wahrsten Sinne des Wortes ein „geliebter Mensch". Dieser Weg steht jedem offen, und jeder kann sich frei entscheiden, den Weg der Liebe zu gehen. Renée Bonanomi, die bekannte Schweizer Heilerin, hat es in einem Interview so ausgedrückt: „Menschen spielen immer noch ihre schon mehrfach angesprochenen Rollenspiele, in welchen sie das Wissen und die Liebe suchen. Dabei gibt es immer die Chance, zu verstehen oder etwas Neues zu lernen. Wenn man diese Chance annimmt und begreift, was das Spiel sagen will, dann kommt mehr Liebe ins Leben. Statt eine Rolle zu spielen, gestaltet man das Leben.

Was jedoch kommt danach, wenn man verstanden hat, dass das Leben Liebe ist? Dann spielt man das Spiel der

Liebe. Die Regeln sind dann nicht mehr: „Ich möchte und ich bekomme." Es gibt dann nur: „Ich liebe mich." Das ist ein Zustand – ein Zustand der Liebe. Das Gehirn ist zwar schon in der Lage, das zu verstehen, aber ein Gegenpol im Menschen versucht ständig zu vermitteln, dass dieser Zustand doch nicht erreichbar ist. Der Mensch hat so lange das alte Spiel gespielt, dass es ihm jetzt schwerfällt, in diesem neuen liebe-vollen Zustand, der allein „Ich liebe mich" beinhaltet, zu verweilen. Das Herz jedoch kann dabei die Brücke bilden, zwischen dem alten und dem neuen Zustand, zwischen „spielen" und „gestalten", zwischen „Licht" und „Schatten", zwischen „möchten" und „lieben".[12]

DAS **LEBEN MIT** NEUER **ACHTSAMKEIT** ERFÜLLEN

Wenn Sie sich in einer komplizierten Situation befanden, haben Sie sich sicherlich schon häufig gefragt, ob es nicht irgendwo eine Lösung gebe, welche Sie nur nicht sehen können. Es sind meistens unsere verfestigten Überzeugungen und Vorstellungen, unsere Ungeduld mit uns selbst sowie unsere Erwartungen, die uns blockieren, frei und mit unverstelltem Blick auf eine Situation zu schauen und offen für eine kreative Lösung zu bleiben. Hinter vielen unserer Vorstellungen zeigt sich bei achtsamer Beobachtung eine versteckte Bewertung, ein bewertendes Vergleichen.

Wenn Sie aus der zehnten Eifersuchtsfalle herauskommen möchten, üben Sie sich darin, mit Ihren Bewertungen sparsam umzugehen. Lernen Sie, eine Situation so anzunehmen, wie sie ist. Bringen Sie vorbehaltlose Ehrlichkeit in Ihr Leben. Es geht nicht um Resignation, weil man nicht weiß, wie es weitergeht oder weil es einem im Grunde eigentlich egal ist. Wenn man in der Lage ist, ein Geschehen ohne Bewertung oder Urteil anzunehmen, hat man einen wichtigen Schritt in Richtung Achtsamkeit gemacht.

Beobachten Sie sich in Ihren Alltagssituationen und reflektieren Sie dabei, wie viele Bewertungen Sie in konkreten Situationen oder bei einem konkreten Menschen anstellen. Wie wichtig ist eine Bewertung für Sie wirklich? Wie stark sind Sie von Bewertungen anderer abhängig?

- Welches sind Ihre Gedanken, wenn Sie sich in einer schwierigen Situation befinden?

- Ist es Ihnen wichtig, sie zu bewerten und mit eigenen Urteilen eine Orientierung in die Situation zu bringen, oder fragen Sie sich zuerst, was das alles mit Ihnen zu tun hat?

- Wo hängen Sie noch fest und können nicht loslassen?

- Was möchte Ihnen diese Situation sagen?

- Was haben Sie noch zu lernen?

BETRACHTEN WIR EIN BEISPIEL:

Wenn Ihr Partner eine neue Beziehung beginnt, werden Sie ihn dann dahingehend verurteilen, dass dies „moralisch" nicht richtig sei, weil er Sie verletzt habe (was sicherlich der Fall ist), oder fragen Sie sich, was das alles mit Ihnen zu tun hat?
Wo sind Sie nicht achtsam genug?
Was haben Sie noch nicht verstanden?
Was möchte Ihnen Ihr Schmerz sagen?

Solche kleinen Übungen sind nicht einfach, da man nicht selten an die eigene innere Schmerzgrenze stößt. Die

Übung fordert einen heraus, genau über diese Grenze zu gehen, jedoch in dem Vertrauen, dass hinter der Grenze die verborgene Liebe wartet, die man im Grunde seines Herzens leben will. Genauso wie der Schmerz in einem liegt (wofür kein anderer verantwortlich ist), liegt auch die Liebe in einem selbst. Die Grenze zwischen beiden ist nur so groß, wie es unsere Erwartungen und Bewertungen sind. Der berühmte Sufi-Meister Rumi hat dies wunderbar ausgedrückt: „Jenseits von richtig und falsch liegt ein Garten. Da werde ich Dir begegnen."

Machen Sie sich auf, den „Garten jenseits von richtig und falsch" zu suchen. Verweilen Sie dazu für eine Weile ohne Urteil und Bewertung mit sich in der Stille. Widmen Sie sich eventuell Ihrem Schmerz. Nehmen Sie diesen Schmerz ohne Urteil an und schauen Sie in Ihr Innerstes. Betrachten Sie genau, was Ihnen dort begegnet.

ZUM **SCHLUSS**

Es ist schon ein paar Jahre her, als an einem Samstagabend eine Talk-Show im Fernsehen lief. Es war eine jener seltenen amüsanten Sendungen mit interessanten Gästen und Gesprächen, die man bei einem Glas Wein richtig genießen konnte. Ungefähr nach der Hälfte der Show begrüßte der Moderator einen bekannten amerikanischen Schauspieler, und es entwickelte sich zwischen ihnen ein humorvoller Dialog. Nach einer Weile kam natürlich auch das Thema Beziehungen und Frauen zur Sprache. Der attraktive Hollywood-Star blickte in die Kamera und erzählte charmant, elegant und mit Leichtigkeit, dass er Frauen toll finde, dass er sie liebe, weil sie eine Inspiration für sein Leben seien. Das Publikum applaudierte, jubelte und klatschte. Die anwesenden Frauen fühlten sich offensichtlich sehr angesprochen! Der Moderator blickte seinen Gast mit sichtlicher Hochachtung an, und die Atmosphäre in der Sendung war prickelnd und beschwingt – der attraktive Amerikaner hatte die Herzen des deutschen Publikums erobert. Charmant, elegant, selbstbewusst…

Lange wirkte diese Szene in mir nach. Nicht nur, weil der Hollywood-Star ein attraktiver Mann und eine ausgeprägte Persönlichkeit war, die etwas Leichtes, Beschwingtes, Anziehendes verbreitete, sondern wegen etwas ganz anderem.

Wie wäre es wenn:

Statt des attraktiven berühmten Mannes auf dem Sofa eine attraktive berühmte Frau sitzen würde? Der Moderator flirtet ein wenig mit ihr, und im Gespräch bekennt sie sich dazu, dass sie die Männer liebt und toll findet, weil diese immer eine Inspiration in ihr Leben bringen würden.

Wie fielen die Reaktionen im Publikum wohl aus? Und was schriebe die Regenbogen-Presse am nächsten Tag über sie? Würden sich die Männer im Publikum angesprochen fühlen, auch mit dem Wissen, dass diese Frau mehrere Männer liebt? Würden selbst die Frauen diese mutige Geschlechtsgenossin bewundern?

Solche Antworten aus dem Mund einer Frau ist die Gesellschaft noch nicht gewöhnt. Ein Mann, der mehrere Frauen liebt, ist ein „Held". Was ist eine Frau, wenn sie mehrere Männer liebt? Warum nicht eine Heldin??

Es geht nicht um Moral. Es geht nicht um gesellschaftliche Vorschriften oder um falsche Vorstellungen aus der Vergangenheit. Es geht um die ewige Begegnung zwischen dem Männlichen und dem Weiblichen, das eine Einheit in Harmonie bilden möchte – ohne Bewertung und ohne Beurteilung. Das ewige Weibliche, welches das Männliche schätzt und kennt. Die zwei Polaritäten, die füreinander eine unsterbliche Inspiration darstellen. Was hat der andere und was habe ich, damit wir zusammen etwas Neues entstehen lassen können? Es geht darum, sich zu ergänzen und voneinander zu lernen im ewigen Spiel der Liebe. Dieses Spiel des Lebens kann jeder Mensch nur für sich selbst auf seine eigene, ganz individuelle Art und Weise eröffnen.

ANHANG
VON PETER MICHEL

EIFERSUCHT AUS **MÄNNLICHER SICHT**

Als unsere Presseagentin, die an der Entstehung dieses Buches nicht ganz unschuldig ist, mit der Idee kam, ihm einen Anhang „Eifersucht aus männlicher Sicht" anzufügen, war ich nicht sonderlich davon begeistert. Zum einen ist dies ein „Frauenbuch" – von einer Frau speziell für Frauen geschrieben. Zum anderen läuft man bei einem solchen „Anhang" in die Gefahr der „Besserwisserei". Darum gilt es, in den nachstehenden Absätzen persönliche Aspekte zu vermeiden, ohne deshalb völlig unbeteiligt oder gar emotionslos zu schreiben.

Wie im Folgenden deutlich wird, unterscheidet sich meine Herangehensweise an das Thema von den vorangegangenen zehn Kapiteln. Das ist wohl weniger eine geschlechtsspezifische Komponente als eine Frage der Persönlichkeit. Wenn ich das Konfliktfeld Eifersucht nachstehend in fünf Punkten etwas philosophischer betrachte, dann ist das sicher nicht speziell „männlich"!

Es sei gleich am Anfang zugegeben, dass manche Gedanken, die auf so revolutionäre Denker wie Martin Buber oder Krishnamurti zurückgreifen, einen hohen Idealismus ausdrücken. Vielleicht ist die gegenwärtige Welt vielfach disharmonischer Beziehungen damit überfordert – oder sie sind gerade das alleinige Heilmittel. Ich finde: Es ist einen Versuch wert!

1. DIE ILLUSION DER 100 PROZENT

Es ist nach meiner Überzeugung der verhängnisvollste Irrtum in Beziehungen, die Auffassung zu vertreten, der Partner/die Partnerin besitze gleichsam ein gewisses Quantum an Liebes- oder Zuwendungsfähigkeit, das schlicht und ergreifend mit 100% taxiert wird. Mehr ist einfach nicht vorhanden; denn niemand kann mit 110% lieben. So einfach, so einleuchtend – und so falsch. Diese Art der Kalkulation funktioniert zwar mit einer Torte, die einfach nicht mehr als zwölf Stücke hergibt; aber sie geht in die Irre, wenn sie auf so etwas Nicht-Materielles wie Liebe und Zuneigung angewandt wird. Ein Mann, der eine Frau A liebt, schenkt ihr nicht gleichsam 25%, die dann in seiner möglichen Liebe zu einer Frau B nicht mehr zur Verfügung stehen. Für diese blieben dann maximal noch 75% übrig. Käme noch eine Frau C hinzu, müsste diese wiederum die 75% mit Frau B teilen: Also vielleicht 50% für die eine und 25% für die andere!

Wenn man diese skurrile Rechnung in Ruhe liest, schüttelt man über einen solchen Unsinn den Kopf. Das

Schlimme ist nur: So sieht in den allermeisten Beziehungen die Realität aus! Männer wie Frauen betrachten ihre Partner mit der „100%-Brille"! Der Mann oder Partner von Frau A wird, wenn er mit Frau B ins Kino, zu einem Konzert, auf eine Wanderung oder ins Bett geht, sofort mit dem „Verlust-Vorwurf" konfrontiert. Er gibt „der Anderen" etwas, was der 'eigentlichen' Frau oder Partnerin dann abgeht. Diese ist zutiefst überzeugt davon, dass sie einen realen „Verlust" erleidet. In ihrer Vorstellung versetzt sie sich sofort in die Rolle „der Anderen" und empfindet den „Verlustschmerz" noch intensiver. Er spricht, lacht und liebt mit „der Anderen" – und nicht mit ihr. Das muss doch ein Defizit sein!

Solange dieses Denken anhält, wird das Beziehungsproblem unlösbar bleiben. Es ist die absolute Ausnahme und wird die absolute Ausnahme bleiben, dass ein Mann, eine Frau ALLES für ihren Partner ist. In unserer mobilen Zeit, in der jeder Mann und jede Frau schon allein durch die zahlreichen räumlichen Veränderungen ein Vielfaches an Menschen trifft als etwa im Mittelalter, ist es geradezu vorprogrammiert, dass in ein Menschenleben ständig neue Impulse kommen. Und die Wirklichkeit am Beginn des 21. Jahrhunderts spricht doch eine deutliche Sprache: Diese Begegnungen finden statt – für Männer und für Frauen.

Aufgrund dieser Tatsache sollte die „100%-Illusion" vielleicht doch einmal kritisch hinterfragt werden. Kommt der Mann von Frau A wirklich mit einem „Minus" von Frau B zurück? Hat sie wirklich einen „Verlust" erlitten? Oder kommt vielleicht ein Mann zurück, der einen neuen Impuls in seine Persönlichkeit aufgenommen hat? Der möglicherweise reifer, facettenreicher und ein wenig wacher ist? War dieser Mann vielleicht auch mit Frau B oder Frau C zu 100% zusammen? Vielleicht hat gar niemand einen „Verlust" erlitten, sondern alle Beteiligten sind bereichert worden? Das klingt unrealistisch? Nach welcher Realität? Wer aus der „Verlust-Perspektive" schaut, wird einen Verlust empfinden; wer aus der „Bereicherungs-Perspektive" blickt, wird eine Bereicherung verspüren. Die Wirklichkeit ist so, wie sie ist. Niemand wird die Wirklichkeit ändern können – aber jeder kann seinen eigenen Blickwinkel verändern. Es ist alles eine Frage des Bewusstseins!

2. LIEBKOSUNG

Von allen großen Weltreligionen ist allein das Judentum nicht körperfeindlich. Daher mag es nicht verwundern, dass gerade in der mystischen Frömmigkeit des osteuropäischen Judentums, dem Chassidismus, wundervolle Gedanken über Liebe, Erotik und Zärtlichkeit zu finden sind. Auch Emmanuel Levinas stand mit einer geheimnisvollen Meister-Gestalt dieser Tradition in Verbindung. Es ist vielleicht nicht ungebührlich, von seinem berührenden Abschnitt „Der Eros" in seinem Werk „Die Zeit und der Andere" eine Linie zu jener Inspirationsquelle zu ziehen.

Levinas schreibt: „Die Liebkosung ist eine Seinsweise des Subjekts, in der das Subjekt in der Berührung mit einem anderen über die Berührung hinausgeht. Soweit

Berührung Empfindung ist, hat sie Teil an der Welt des Lichtes. Aber das, was liebkost wird, wird, im eigentlichen Sinne, nicht berührt." Viel tiefer lässt sich die Reinheit und Unschuld einer liebevollen, wahrhaftigen Berührung nicht beschreiben. Sie ist absichtslos und ereignet sich ohne Plan und Ziel. Daher nennt Levinas die Liebkosung – ein wundervolles Wort – auch die „Erwartung der reinen Zukunft". Diese Form der Begegnung zwischen zwei Menschen gleicht einem Lichtstrahl aus der Ewigkeit in die Zeit. Man nähert sich dem Geheimnis eines anderen Menschen bis an die letztmögliche Grenze. In der wahrhaften Liebkosung führt die All-Liebe die Hände, lässt Berührenden und Berührten die Schönheit einer höheren Wirklichkeit erleben. In der Liebkosung ist der All-Geist dem Menschen so nahe, dass er seine Verbundenheit mit einer anderen Wirklichkeit zu erspüren vermag.

Und dieses geheimnisvolle Geschehen soll durch Eifersucht entweiht werden?

Natürlich: Dieser Abschnitt ist weltfremd und pure Romantik. Ich kenne diese Vorwürfe zur Genüge. Aber jeder Mann und jede Frau sehnt sich danach! Allerdings nur mit dem EIGENEN Partner! Damit sind wir wieder bei der „100%-Illusion". Mit ihr wird aus der Liebe ein Geschäft. Die Prozentrechnung gehört zum Handel – nicht zur Liebe. Im Handel kann ich mit Verträgen, mit Vereinbarungen und mit Willensbekundungen arbeiten. In der Liebe nicht! Ich kann vieles mit der Liebe tun – nur WOLLEN kann ich sie nicht! Alle großen Seelen, die sich mit der Frage der Liebe befasst haben, sind zu der Einsicht gelangt, dass sie sich jedem gezielten, absichtlichen Vorgehen entzieht. Die Liebe EREIGNET SICH. Und dieses Ereignis ist bereichernd – für alle Betroffenen!

Aus der Eifersuchtsfalle kann nur derjenige entkommen, der die Liebe geschehen lässt, sie nicht vergleicht und in ihrem Umfeld nicht addiert oder subtrahiert. Dies alles ist natürlich nur möglich, und das ist ja in den vorstehenden Kapiteln deutlich herausgearbeitet worden, wenn die Liebe von der Angst befreit wird. Wer sich von seinem Partner/seiner Partnerin geliebt weiß, der nimmt diese Liebe dankbar als Geschenk an. Wer will so unvernünftig sein, ein Geschenk mit einem Geschenk an einen anderen Menschen zu vergleichen? Oder wer fühlt sich weniger beschenkt, weil auch andere beschenkt werden?

Die Liebe ist unteilbar. Wer mit Prozenten rechnet, zerstört seine Beziehung(en), sich selbst – und die LIEBE.

3. ICH UND DU

„Alles wirkliche Leben ist Begegnung", schrieb Martin Buber in seinem Meisterwerk „Ich und Du". Zugleich machte er deutlich, dass in einer wahren Begegnung „Liebe geschieht". Niemand hat die Liebe in seinem Besitz, und so kann Liebe niemals zum Gegenstand werden. Sie ereignet sich „zwischen Ich und Du".

In der Entfaltung seines Denkens wird Liebe für Buber zum Synonym des Geistes, wenn er ausführt: „Geist ist nicht im Ich, sondern zwischen Ich und Du." Die wahre Begegnung, die wahrhafte Berührung in Liebe ist also eine Erfahrung des Geistes. Wollte man es auf die religiöse Ebene heben: Eine Erfahrung des Göttlichen. Es ereignet sich in der wahren Begegnung etwas, was kein Ich jemals für sich verwirklichen könnte.

Buber spricht hier keineswegs als abgehobener, weltfremder Philosoph. Er beschreibt in der Tiefe, was jeder erlebt, der „frisch verliebt" ist. Dieser Zustand wird völlig zu Unrecht als „hormonelle Verwirrung" abgewertet. In Wahrheit begegnen zwei Liebende einer neuen Wirklichkeit. Einer Wirklichkeit, die es ohne den anderen gar nicht geben würde!

Wer unter der schrecklichen „Krankheit Eifersucht" leidet, der möge sich doch bitte vor Augen führen, dass „die Andere/der Andere" eine einzigartige Wesenheit ist. Es ist völlig sinnlos, sich die Frage zu stellen: „Was hat sie/er, was ich nicht habe." Die Antwort müsste einfach lauten: Etwas Anderes! Es mag eine gewisse Größe erfordern, diesen „Anderen" im Leben des geliebten Partners zuzulassen; aber wenn man ihn/sie als eine Bereicherung betrachtet, verändert sich die ganze Situation dramatisch.

Selbst wenn, im äußersten Fall, der eigene Partner zu der Entscheidung kommen sollte, mit einem neuen Menschen eine, wie auch immer zeitlich und räumlich geartete, neue Verbindung einzugehen, dürfte dies nicht zu einem Erlöschen von Liebe führen. Sollte es doch der Fall sein, darf jede Betroffene/jeder Betroffene sicher sein, dass seine Beziehung eine Handels-, keinesfalls eine Liebesbeziehung war! Eine Lebensplanung mag sich verändern, eine gewisse Enttäuschung über nicht verwirklichte Erwartungen mag eintreten; aber beides hat nichts mit Liebe zu tun.

Der Weg aus der Eifersuchtsfalle führt allein über eine Bewusstwerdung dessen, was Liebe wirklich ist. Dazu gehört sicher nicht der Egoismus eines gesellschaftlich weit verbreiteten Besitzdenkens. Mein Mann, meine Frau, mein Partner – wobei die Betonung immer auf dem „mein" liegt!

Martin Buber, der große Philosoph der Begegnung, legt eindrücklich dar, dass man Liebe nicht haben, dass man Geist nicht haben kann – dass man letztlich Gott nicht haben kann. Sie geschehen. Sie geschehen, wenn man sich schenkt – in Hingabe, mit Bewusstsein und in Demut.

Da das Geschöpf nie eins mit dem Absoluten zu werden vermag, bleibt vielleicht in Ewigkeit nur das Geheimnis der Begegnung zwischen dem Ich und der unendlichen Zahl der Du, um die unerschöpfliche Fülle des Göttlichen zu erfahren. Von einer unerschöpflichen Fülle der Eifersucht hat wohl noch niemand gesprochen!

4. EIN BLICK IN DEN HIMMEL

Schon Jesus lehrte seine Jünger: „Im Himmel wird nicht mehr geheiratet!" (Luk. 20,35) Mit diesem Satz wollte Jesus sicherlich nicht auf neue Beziehungsmodelle eingehen, sondern die Relativität menschlicher Beziehungen im Angesicht der Unendlichkeit des Lebens ansprechen. Wenn die Bindungen, die Menschen auf Erden eingehen, ohnehin nur eine begrenzte zeitliche Dauer haben, dann muss die Frage erlaubt sein, ob eventuell schon während eines Erdenlebens über andere, höhere Formen von Verbindungen nachzudenken sinnvoll wäre.

Das spirituelle Schrifttum der letzten einhundert Jahre hat eine Fülle an bewegenden Erfahrungen von „Einheitsbewusstsein" hervorgebracht. Ohne diese mystischen Erlebnisse hier einer eingehenden Prüfung unterziehen zu wollen, scheint ihnen eines gemeinsam zu sein – in einer höheren Wirklichkeit ist alles mit allem verbunden. Eine unbeschreibliche kosmische Liebe vereint alles Leben. Der Theosoph Charles W. Leadbeater schilderte eine seiner Schauungen mit dem Bild eines großen „Gewebes": „Von diesem Standpunkt aus und in dieser Welt erscheint das ganze Menschengeschlecht mit goldenen Fäden in sich und untereinander verbunden zu sein und ein einziges, einheitliches, zusammengefügtes Ganzes zu bilden."

Wenn diese Ein-Sicht auf Wahrheit beruht, was ich hier einmal voraussetzen will, dann kommt der Eifersucht noch eine weitaus schädlichere Bedeutung zu: Sie trennt etwas, das aus geistiger Sicht zusammengehört. Wenn alles Leben eins ist; wenn auch die Menschen in einer höheren Daseinsebene in diese Einheit hineinwachsen, dann erscheint es angemessen, diese Einheit auf Erden zumindest anzudenken. Meine Frau, meine Geliebte, meine Kinder, meine Eltern – sie alle sind nur in vergängliche Gewänder gekleidet. In Wahrheit sind wir gar nicht voneinander getrennt! Dabei sprechen wir nicht von einem Urbrei, in dem alles konturlos verschwindet. Nach dem Motto: Nachts sind alle Katzen grau. Die Überwindung des Gefühls von Getrenntheit bedeutet nicht die Auflösung von Individualität. Leadbeater verdeutlicht das mit den Worten: „Der Mensch fühlt sich immer noch genauso wie jetzt, aber erfüllt von einer Freude, einer Kraft, einem

Fähigsein, wofür wir hier unten einfach keine Worte haben. Er hat keineswegs seine persönlichen Erinnerungen verloren. Er ist gerade so sein Selbst wie immer, nur ist es ein erweitertes Selbst. Er weiß noch: „Ich bin ich"; aber er weiß ebenso: „Ich bin Er!""

Zugegebenermaßen wird sich ein Mann oder eine Frau, die gerade wilde Eifersuchtsdramen durchleben, nicht unmittelbar mit dieser tiefsinnigen Erfahrung einer EIN-HEIT auf höheren Ebenen des Lebens anfreunden können. Sie oder er stecken ja gerade inmitten ihrer Tragödie. Aber wenn Sie in Ihrem Umfeld gerade mit so einer fetzigen Eifersuchtsgeschichte konfrontiert sind, dann lassen Sie doch – versuchsweise – einmal Bemerkungen fallen wie: „Im Himmel wird nicht mehr geheiratet." „Auch die andere Frau (der andere Mann) ist eine einzigartige Offenbarung des Göttlichen." „Lieben kann man ja nicht wollen; Liebe ist ein Geschenk."

Selbst wenn Sie von diesen drei Sätzen – es könnten viele andere, ähnliche sein – nicht in ganzer Konsequenz überzeugt sind, werden Sie erleben, was für eine dramatische Wirkung sie auslösen. Sie werden entweder mit grenzenloser Empörung oder mit fassungslosem Unverständnis konfrontiert sein. Und in diesem Moment kann das Gespräch beginnen. Die Verblüffung, das Erschrecken oder Erstaunen, die Begegnung mit dem ganz Unerwarteten, sie alle sind Türöffner, um das Leben, die Liebe und die menschlichen Beziehungen in einem neuen Licht zu sehen.

Ich bin zutiefst überzeugt, dass wir die furchtbaren Tragödien und das menschliche Elend in den Beziehungen unserer Tage nicht mit ein wenig Psychologie und zwei Ratgebern „Glückliche Beziehungen – Das Erfolgsrezept" lösen werden. Es bedarf eines radikalen Umdenkens und einer tiefgreifenden Spiritualisierung unserer Liebesbeziehungen. Andernfalls wird das Unglück sich fortsetzen.

Das, was heute vielleicht idealistisch, weltfern oder spirituell-romantisch klingt, wird das Weltbild und Beziehungsmodell von morgen sein. Warum nicht schon heute damit beginnen?

5. LIEBE IST IMMER NEU

Krishnamurti war vielleicht der bedeutendste spirituelle Lehrer des 20. Jahrhunderts – auf alle Fälle der radikalste. Er war so radikal wie vor ihm vielleicht nur Buddha und Jesus – und wie sie ein Botschafter der Liebe. Während viele „Gurus" aus Ost und West dem Dilemma erlagen, zwischen weltlicher und geistiger Liebe zu unterscheiden, lehnte Krishnamurti diese Unterscheidung ab. Er sah ganz deutlich, welche verhängnisvolle Entwicklung durch die Dämonisierung der Sexualität seitens der Religionen ausgelöst worden war. „Wieso wissen Sie nicht, was zu tun ist, wenn Verlangen da ist? Ich sage Ihnen, warum. Weil diese starre Entscheidung weiterhin in Ihnen wirkt. Alle Religionen haben uns gesagt, wir müssen die Sexualität verleugnen, unterdrücken, weil sie Energieverschwendung sei und wir diese Energie bräuchten, um Gott zu finden. Aber diese Art der Enthaltsamkeit, der Unterdrückung und Anpassung an ein Muster ist eine brutale Vergewaltigung

181

all unserer feineren Instinkte. Diese fanatische Selbstkasteiung ist eine größere Energieverschwendung als jegliche sexuelle Schwelgerei.

Warum haben Sie Sex zum Problem gemacht? Es spielt wirklich keine Rolle, ob Sie mit jemandem ins Bett gehen oder nicht. Tun Sie es weiterhin, oder hören Sie auf damit, aber machen Sie kein Problem daraus. Das Problem entsteht allein aus dieser ständigen inneren Beschäftigung mit der Sexualität. Die wirklich interessante Frage lautet nicht, ob wir mit jemandem ins Bett gehen oder nicht, sondern warum unser Leben so fragmentiert ist."[13]

Starker Tobak! Es spielt keine Rolle, ob Sie mit jemandem ins Bett gehen oder nicht! Wie steht es denn da mit der Eifersucht? Auch Krishnamurti war in seinem Leben mit dem Thema konfrontiert – und ignorierte es weitestgehend. Manchmal beschwerten sich wütende Ehemänner bei ihm, weil ihre Frauen, vor allem in Indien, sich zu emanzipieren begannen. Eifersucht kann viele Facetten haben! Krishnamurti hielt ihnen einen kristallklaren Spiegel hin: Und sie sahen nur eine Fratze aus Angst, Besitzdenken und Gewalt. Wer sich erschrak, war schon auf einem guten Weg zur Veränderung. Die meisten jedoch verdrängten seine Worte, blieben ihren alten Rollenmustern verhaftet und brachten auch weiterhin Unfrieden und Disharmonie in die Welt.

In seinem einflussreichsten Werk „Einbruch in die Freiheit" ist ein Kapitel nur mit dem Wort „Liebe" überschrieben. In seiner Schönheit und Reinheit reichen vielleicht nur noch die „Bergpredigt" oder einige von Buddhas Lehrreden an diesen Text heran. Wer in der glücklichen Lage war, Krishnamurti selbst reden zu hören, der konnte von ihm im Bewusstsein so erhoben werden, dass Begriffe wie Angst oder Eifersucht von einem inneren Licht vollständig aufgelöst wurden. „Wenn Sie zu lieben wissen, dann können Sie tun, was Sie wollen, dann werden sich alle Probleme lösen."[14] Die Liebe ist der Schlüssel nach innen, der Schlüssel zum Altar des Herzens; und nur aus dieser inneren Mitte lassen sich die Probleme der Menschheit lösen.

„Wo Liebe ist, gibt es kein Gefühl der Pflicht und der Verantwortung."[15] Das könnte auch Anarchie sein, wäre es nicht Offenbarung.

Wenn Sie zum ersten Mal mit der Radikalität dieser Gedanken konfrontiert sind, mag manches geradezu erschreckend wirken. Nehmen Sie jedoch wieder einmal die „Bergpredigt" zur Hand – Sie werden vielleicht ebenfalls erschrocken sein über die Radikalität, mit der auch Jesus von Nazareth sprach. Wahrheit ist immer erschreckend, zumindest so lange, wie sie im Gegensatz zur vertrauten Unwahrheit steht.

Wer ernsthaft interessiert ist, sein Leben und seine Beziehungen auf eine neue Ebene zu stellen, der wird nicht umhin können, viele alte Zöpfe abzuschneiden. Es erfordert durchaus Mut, diese Schritte zu wagen; aber wie heißt der Titel eines anderen Buches meiner Frau: „Der Mutigen gehört die Welt!" Das Unbekannte ist das, was die größte Angst auslöst; aber im Unbekannten liegt auch das Neue, das Faszinierende – das LEBEN.

„Der Liebe zu begegnen, ohne sie zu suchen, ist der einzige Weg, sie zu finden, man muss ihr unbeabsichtigt begegnen und nicht durch Anstrengung oder Erfahrung. Sie werden entdecken, dass eine solche Liebe zeitlos ist. Solche Liebe ist sowohl persönlich als auch unpersönlich. Sie gehört dem einen wie den vielen. Sie ist wie eine duftende Blume: Sie können ihren Duft wahrnehmen oder an ihr vorübergehen. Diese Blume ist für jeden da und besonders für den einen, der sich die Zeit nimmt, ihren Duft innig einzuatmen und sie mit Entzücken anzuschauen. Ob man ihr im Garten ganz nahe ist oder weit entfernt, für die Blume ist es das Gleiche, weil sie voll des Duftes ist und ihn für jeden verströmt.

Liebe ist immer neu, frisch und lebendig. Sie hat kein Gestern und kein Morgen. Sie ist jenseits der gedanklichen Unruhe. Nur der unschuldige Mensch weiß, was Liebe ist, und der unschuldige Mensch kann in einer Welt leben, die ohne Unschuld ist.“[16]

Da dies vorrangig ein Buch für Frauen ist und mein kleiner Beitrag ja nur einen „Anhang“ darstellt, möchte ich diesen mit einer Hoffnung beenden. Ich glaube, und meine eigene Lebenserfahrung mag ein subjektiver Beleg dafür sein, dass die große gesellschaftliche Veränderung, die wir zurzeit durchlaufen, in der Breite von der spirituellen Kraft der Frauen getragen wird. Ihre Offenheit, ihre Bereitschaft, neu und unkonventionell zu denken und zu leben, stellt den entscheidenden Beitrag dar, um eine neue Welt zu erbauen. Eine Welt voller Schönheit und Liebe. Daher hatte Krishnamurti wohl recht, als er sagte: „Die Schönheit kommt durch das Weibliche in die Welt!“

„Nimm an, wie du jetzt bist, denn jetzt bist du richtig. Nimm an, wie du morgen sein wirst, denn du bist immer richtig. Das Bewusstsein der Liebe urteilt nicht, es liebt."

Renée **Bonanomi**

ANMERKUNGEN

1 Eduard Schure, Die großen Eingeweihten, Grafing 2010, S.308.

2 Ebd., S.310.

3 Ebd., S.314.

4 Holger Lendt/Lisa Fischbach, Treue ist auch keine Lösung, München 2012, S.196.

5 Esther Perel, Wild Life, München 2006, S.245.

6   Manuela Oetinger, Beziehungen im Spiegel der Aura, Grafing 2005, S.86.

7 Doris Christinger/Peter A. Schröter, Vom Nehmen und Genommenwerden, München 2009, S.21.

8 Daniel Odier, Tantra – Eintauchen in die absolute Liebe, Grafing 2013, S.134.

9 Esther Perel, Wild Life, a.a.O., S.263.

10 Daniel Odier, Freude, Grafing 2014, S.116.

11 Ruzbeh N. Bharucha, Der Fakir, Grafing 2008, S.83.

12 Renée Bonanomi/Katarina Michel, Wie Heilung ohne Heiler geschieht, Grafing 2013, S.116.

13 Krishnamurti, Dem Leben begegnen, München 2000, S.91 f.

14 Krishnamurti, Einbruch in die Freiheit, Grafing 2002, S.101.

15 Ebd., S.98.

16 Ebd., S.102.

Katarina Michel
Der Mutigen gehört die Welt
Ein Ratgeber für Frauen,
die ihr Leben in die eigenen
Hände nehmen wollen

(ISBN 978-3-89427-478-8)
Paperback, 124 Seiten

Immer mehr Frauen möchten
ihr Leben in die eigenen Hände
nehmen – manchmal mangelt
es ihnen nur an ein wenig Mut,
um dafür die richtigen Schritte zu
unternehmen. Dieses Buch ist der perfekte Ratgeber, um mit
Mut und Selbstvertrauen den Weg in eine neue, lebendige
und selbstbestimmte Zukunft zu gehen. Es geht darum, sich
offen und ehrlich anzuschauen und zu fragen: "Wer bin ich?"
und "Was will ich?" Wer diese Fragen für sich beantwortet
hat, kann dann als Nächstes fragen: "Mit wem und wie will
ich meinen weiteren Weg gehen?" Für die Beantwortung
jener grundlegenden Fragen hält dieser Ratgeber überaus
hilfreiche Übungen bereit, die auf einfache, aber effektive
Weise dazu beitragen, sich selbst zu finden und dann mutig
dem eigenen Weg zu folgen. Jede Frau muss diese Fragen
für sich allein beantworten; denn sie allein ist für ihren Lebensweg und ihr Lebensglück verantwortlich. Wer sich mutig
dem Leben zuwendet, für den hält das LEBEN wundervolle
Überraschungen bereit!

Teri Degler
Shakti und Sophia
Das Geheimnis
des Göttlich-Weiblichen
(ISBN 978-3-89427-611-9)
Hardcover, 360 Seiten

Die Entfaltung der weiblichen
Qualitäten des Göttlichen
besteht nicht darin, einfach nur
männliche Aspekte der Gottheit
durch weibliche zu ersetzen,
sondern es geht darum, das
ursprüngliche Feminine zu entfal-
ten. Die „Göttin" ist nicht ein „Gott ohne Bart" – sie ist etwas
völlig Eigenständiges! Teri Degler gelingt es auf meisterhafte
Weise, die Polarität des Göttlichen zu achten und in ihrer Essenz aus männlichen und weiblichen Aspekten zu erfassen.
Diese Fähigkeit versetzt sie in die Lage, die weibliche Seite
der Gottheit auf beeindruckende Weise herauszuarbeiten
und in die Gegenwart zu integrieren. Sie versteht es dabei,
die tiefsten Mysterien des Göttlich-Weiblichen in Ost und
West transparent zu machen. So zeigt sich die Schönheit
des Femininen in allen mystischen Traditionen der Welt. Eine
herausragende Studie, die eine berührende Verehrung des
Göttlichen in seiner weiblichen Form zum Ausdruck bringt.
Ein Meisterwerk, das Ost und West in Gestalt seiner Göttinnen auf wunderbare Weise verbindet!

Daniel Odier
**Tantra – Eintauchen in die
absolute Liebe**
(ISBN 978-3-89427-246-3)
Paperback, 220 Seiten

Wie viele an östlicher Spiritualität
interessierte Abendländer bricht
Daniel Odier zu einer Reise nach
Indien auf, um die Geheimnisse der Weisen des Himalaya
zu erkunden. Odier war kein
Anfänger, sondern durch frühere
Studienreisen bereits mit der in-
dischen Philosophie vertraut. Doch diesmal sollte seine Reise
mehr sein als nur eine „Studienreise". Daniel Odier schildert
in diesem bewegenden Buch seinen dramatischen Bewusst-
werdungsprozess, der ihn über seine Ängste, Vorurteile und
Begrenzungen hinausführt und zu einem erwachten Menschen werden lässt. Mit Sicherheit eines der besten und vor
allem authentischsten Werke, das je von einem Abendländer
über Tantra geschrieben wurde. Ein Buch, das wahrhaft den
Weg zur absoluten Liebe aufzeigt!

Katarina Michel und Peter Michel
12 Gesetze der Heilung
Die Hintergründe von Gesundheit
und Krankheit
(ISBN 978-3-89427-560-0)
Hardcover, 192 Seiten

Katarina und Peter Michel
befassen sich seit vielen Jahren
mit der Erforschung der Ge-
setzmäßigkeiten, die hinter den
vielfältigen Heilerfolgen wirken
– oder auch für das Scheitern
in zahlreichen Behandlungen
verantwortlich zeichnen. Dabei
spielt es keine Rolle, ob die klassische Geistheilung ange-
wendet wird oder Reiki, ob man Bach-Blüten verabreicht
oder Aura-Soma-Öle. Hinter allen Systemen stehen unver-
brüchliche, ewige GESETZE. Alle Heilungsmethoden können
nicht nachhaltig wirken, solange die inneren Voraussetzun-
gen für eine wahre Heilung nicht gegeben sind. Der Blick
dieser Studie richtet sich daher auf die universellen Heilungs-
Gesetze, die keine Erfindung der Neuzeit darstellen, sondern
schon in den Heilungstempeln der Antike beachtet wurden.
Die „Zwölf Gesetze der Heilung" stellen keinen „How-to-do-
Ratgeber" dar, sondern behandeln das Wesen von Gesundheit und Krankheit von ihrem Ursprung her. Wer diese „Zwölf
Gesetze" in seinem Leben verwirklicht, wird möglicherweise
zu seiner eigenen Überraschung feststellen, dass er keine
äußere Behandlung mehr benötigt. Er wird unzweifelhaft
erkennen: „Wahre Heilung beginnt im Inneren!"

Renée Bonanomi
Katarina Michel
**Wie Heilung ohne Heiler
geschieht**
Die heilende Kraft
des Bewusstseins
(ISBN 978-3-89427-636-2)
Hardcover, 160 Seiten

In ihrem Buch „Heilung geschieht im Jetzt" beschrieb
Renée Bonanomi die Grundlagen
des Geistigen Heilens. Die dort
geschilderten Gesetzmäßigkei-
ten steckten gleichsam einen
äußeren Rahmen ab, innerhalb dessen Heilung überhaupt
geschehen kann. Viele Menschen gehen noch immer von
der irrigen Vorstellung aus, ein geistiger Heiler würde eine
Art „Wunder" vollbringen und sie von einer Minute auf die
andere wieder mit vollkommener Gesundheit beschenken.
Ein verhängnisvoller Irrtum! Renée Bonanomi macht in ihrer
Arbeit und in diesem Buch immer wieder deutlich, dass ein
Heiler gewissermaßen ein „Spiegel für den Patienten" ist.
Dieser kann in den Spiegel schauen und sich selbst erstmals völlig unverzerrt wahrnehmen. Das kann eine ebenso
erschreckende wie heilsame Erfahrung sein. In intensiven
Dialogen und eindringlichen Ausführungen schildert Renée
Bonanomi, welche entscheidende Rolle dem Bewusstsein
beim Heilungsgeschehen zukommt. Nicht der Heiler heilt,
sondern die Heilung geschieht durch inneres Erwachen! Ein
radikales Buch, das mit vielen Illusionen auf dem Feld des
Heilens aufräumt und dem Einzelnen wieder seine Eigenver-
antwortung zurückgibt.